Susan 有 麻烦！

SUSAN YOU MAFAN!

TERRY WALTZ

Susan you mafan!
Simplified character version

by Terry Waltz

Second Edition
Published by Squid for Brains

Copyright ©2012, 2016 by Terry T. Waltz

ISBN-13: 978-1-946626-04-2

第一章

不好吃！

"麻烦! 麻烦!"

Susan Smith 不 高兴。 她 不 高兴, 因为 她 有 很多 麻烦。

Susan 的 家 在 New York。 但是 她的 家 不 好。 她的 家 不好, 因为 她的 家 不在 New York City。 她的 家 在 Clifton Park。 Clifton Park 很 大。 Susan 的 爸爸 说 Clifton Park 很好。 但是 Clifton Park 不是 New York City。 Clifton Park 不是 Chicago。 Clifton Park 不是 Los Angeles。 Susan 不 喜欢 Clifton Park。

"我们 去 New York City, 好 不好?"

但是 Susan 的 爸爸 说 他 不想 去 New York City。 他 要 在 家 看书。 麻烦!

Susan 的 妈妈 很 麻烦。 妈妈 要 Susan 吃 Cheesy Tuna Surprise。 Susan 不 喜欢 Cheesy Tuna Surprise。 Cheesy Tuna Surprise 不好 吃。 Susan 喜 欢 Pizza House。 她 喜欢 Burger Duke。 她 也 喜欢 Tennessee Fried Chicken。 但是 妈妈 很 麻烦。 妈 妈 说: "Susan, 我们 是 不 吃 PizzaHouse 的。 你 爸爸 不 喜欢 PizzaHouse。 爸爸 喜欢 在家 吃 我的 Cheesy Tuna Surprise。 很 好吃!"

"但是 我 不 喜欢 Cheesy Tuna Surprise!"

"Máfán! Máfán! "

Susan Smith bù gāoxìng. Tā bú gāoxìng, yīnwèi tā yǒu hěnduō máfán.

Susan de jiā zài New York. Dànshì tāde jiā bùhǎo. Tāde jiā bùhǎo, yīnwèi tāde jiā búzài New York City. Tāde jiā zài Clifton Park. Clifton Park hěndà. Susan de bàba shuō Clifton Park hěnhǎo. Dànshì Clifton Park búshì New York City. Clifton Park búshì Chicago. Clifton Park búshì Los Angeles. Susan bù xǐhuān Clifton Park.

"Wǒmen qù New York City, hǎo bùhǎo?"

Dànshì Susan de bàba shuō tā bùxiǎng qù New York City. Tā yào zài jiā kànshū. Máfán!

Susan de māma hěn máfán. Māma yào Susan chī Cheesy Tuna Surprise. Susan bù xǐhuān Cheesy Tuna Surprise. Cheesy Tuna Surprise bù hǎochī. Susan xǐhuān Pizza House. Tā xǐhuān Burger Duke. Tā yě xǐhuān Tennessee Fried Chicken. Dànshì māma hěn máfán. Māma shuō: "Susan, wǒmen shì bù chī Pizza House de. Nǐ bàba bù xǐhuān Pizza House. Bàba xǐhuān zàijiā chī wǒde Cheesy Tuna Surprise. Hěn hǎochī! "

"Dànshì wǒ bù xǐhuān Cheesy Tuna Surprise! "

"Susan！谁 都 喜欢 Cheesy Tuna Surprise！"
Susan 的 妈妈 要 她 吃 Cheesy Tuna Surprise。但是
Cheesy Tuna Surprise 不好 吃！麻烦！

Susan 的 英文 课 很 麻烦。Susan 不 喜欢 英文
课。 英文 的 功课 很 麻烦。 英文 课 的 老师 也 很
麻烦。 英文 老师 要 Susan 看 很多 书。 Susan 不
喜欢 看书。 她 不想 看书。 英文课 的 功课 也 很
多。 Susan 不 喜欢 功课。 功课 很 麻烦。

Susan 的 英文 老师 说："我们 要 看 《Romeo
and Juliet》！"

Susan 不 想 看 《Romeo and Juliet》。 她 不想
看书。 Susan 不 喜欢 看书。 她 不 喜欢 功课。 英
文 课 的 功课 很多。

Susan 喜欢 看 Facebook。 她的 Facebook 朋友 很
多。 但是 老师 喜欢 《Romeo and Juliet》。 老师 不
喜欢 Facebook！ 麻烦！

Susan 的 数学 课 也 很 麻烦。数学 功课 很多。
Susan 喜欢 数学， 但是 她 不 喜欢 功课。 英文 课
的 功课 麻烦， 数学 课 的 功课 也 很 麻烦！ Susan 不
喜欢 数学课。 她 喜欢 Facebook。 但是 因为 数学
课 的 功课 很多， 所以 Susan 的 妈妈 说 她："不要 看
Facebook！" 数学 很 麻烦！ 妈妈 也 很 麻烦！

"Susan! Shéi dōu xǐhuān Cheesy Tuna Surprise! " Susan de māma yào tā chī Cheesy Tuna Surprise. Dànshì Cheesy Tuna Surprise bù hǎochī. Máfán!

Susan de yīngwén kè hěn máfán. Susan bù xǐhuān yīngwén kè. Yīngwén de gōngkè hěn máfán. Yīngwén kè de lǎoshī yě hěn máfán. Yīngwén lǎoshī yào Susan kàn hěnduō shū. Susan bù xǐhuān kànshū. Tā bùxiǎng kànshū. Yīngwén kè de gōngkè yě hěn duō. Susan bù xǐhuān gōngkè. Gōngkè hěn máfán.

Susan de yīngwén lǎoshī shuō: "Wǒmen yào kàn Romeo and Juliet! "

Susan bù xiǎng kàn Romeo and Juliet. Tā bùxiǎng kànshū. Susan bù xǐhuān kànshū. Tā bù xǐhuān gōngkè. Yīngwén kè de gōngkè hěn duō.

Susan xǐhuān kàn Facebook. Tāde Facebook péngyǒu hěnduō. Dànshì lǎoshī xǐhuān Romeo and Juliet. Lǎoshī bù xǐhuān Facebook! Máfán!

Susan de shùxué kè yě hěn máfán. Shùxué gōngkè hěnduō. Susan xǐhuān shùxué, dànshì tā bù xǐhuān gōngkè. Yīngwén kè de gōngkè hěn máfán, shùxué kè de gōngkè yě hěn máfán! Susan bù xǐhuān shùxué kè. Tā xǐhuān Facebook. Dànshì yīnwèi shùxué kè de gōngkě hěnduō, suǒyǐ Susan de māma shuō: "bú yào kàn Face-book!" Shùxué hěn máfán! Māma yě hěn máfán!

第二章

玩 Weeee 的人

Susan 喜欢 玩 Weeee。 她 很 喜欢 玩 Weeee。但是， Susan 没有 Weeee。 Susan 跟 她的 爸爸 妈妈 说："我 喜欢 玩 Weeee。 但是 我们 没有 Weeee。 为 什么 我们 没有 Weeeee?"

Susan 的 爸爸 说："你的 朋友 有 Weeee。 你 为 什么 要 Weeee? 你 可以 去 朋友 的 家 玩 Weeee。 去 妳 朋友 的 家 玩， 好 吗?" Susan 的 爸爸 是 很 麻烦 的 人。

Susan 不 想 去 朋友 家 玩 Weeee。 她 想 在 家 玩 Weeee。 但是 因为 她的 妈妈 爸爸 都 是 很 麻烦 的 人， Susan 在 家 没有 Weeee。 她 很 不 高兴 地 去 朋友 的 家 玩 Weeee 了。

Susan 的 朋友 叫 Linda。 Linda 有 Weeee。 但 是 Linda 是 很 麻烦 的 朋友。

在 Linda 的 家， Susan 说："Linda， 你 好! 要 不 要 玩 Weeee? 我们 玩 你的 Weeee， 好 吗?"

Linda 是 Susan 的 朋友， 但是 Linda 很 麻烦。Susan 的 英文老师 很 喜欢 Linda， 因为 Linda 喜 欢 看书。 老师 不 喜欢 Susan， 因为 Susan 不 喜 欢 看书。 英文 老师 都 喜欢 "喜欢 看书 的 人" 。 Susan 不 是 喜欢 看书 的 人， 所以 老师 不 喜 欢 她。 Susan 要 老师 喜欢 她， 但是 她 不 喜欢 看 书。

Dì èr zhāng

Susan xǐhuān wán Weeee. Tā hěn xǐhuān wán Weeee. Dànshì, Susan méiyǒu Weeee.

Susan gēn tāde bàba māma shuō: "Wǒ xǐhuān wán Weeee. Dànshì wǒmen méiyǒu Weeee. Wèishénme wǒmen méiyǒu Weeee?"

Susan de bàba shuō: "Nǐde péngyǒu yǒu Weeee. Nǐ wèishéngme yào Weeee? Nǐ kěyǐ qù péngyǒu de jiā wán Weeee. Qù nǐ péngyǒu de jiā wán, hǎo ma?" Susan de bàba shì hěn máfán de rén.

Susan bù xiǎng qù péngyǒu jiā wán Weeee. Tā xiǎng zài jiā wán Weeee. Dànshì yīnwèi tāde māma bàba dōu shì hěn máfán de rén, Susan zài jiā méiyǒu Weeee. Tā hěn bù gāoxìng dì qù péngyǒu de jiā wán Weeee le.

Susan de péngyǒu jiào Linda. Linda yǒu Weeee. Dànshì Linda shì hěn máfán de péngyǒu.

Zài Linda de jiā, Susan shuō: "Linda, nǐ hǎo! Yào bú yào wán Weeee? Wǒmen wán nǐde Weeee, hǎo ma?"

Linda shì Susan de péngyǒu, dànshì Linda hěn máfán. Susan de yīnwén lǎoshī hěn xǐhuān Linda, yīnwèi Linda xǐhuān kànshū. Lǎoshī bù xǐhuān Susan, yīnwèi Susan bù xǐhuān kànshū. Yīngwén lǎoshī dōu xǐhuān "Xǐhuān kànshū de rén". Susan búshì

因为 Susan 的 英文 老师 不 喜欢 她，英文 课 很 麻烦。数学 老师 喜欢 Susan。Susan 不是 很 喜欢 数学，但是 因为 老师 喜欢 她，所以 数学 不 麻烦。

不 喜欢 看书 很 麻烦。没有 Weeee 也 很 麻烦! Susan 很 不 高兴。

Linda 也 很 麻烦。她 是 很 麻烦 的 朋友。"我 不 想 玩 Weeee。我 想 看书。我们 的 英文 老师 说，我们 要 看"Romeo and Juliet"。我 喜欢 我们 的 老师。我 不要 老师 不 高兴，所以 我 要 看书。妳 不 喜欢 老师 吗? 我们 看书，好 吗?"

Susan 很 不 高兴。她 不 喜欢 她的 英文 老师，因为 英文 老师 不 喜欢 "不 喜欢 看书 的 人"。她 也 很 想 玩 Weeee。她 不 想 看书。她 也 不 喜欢 Linda 跟 她说 她 要 看书。

Susan 说："看书 很 麻烦! 我 想 玩 Weeee! "

Linda 说，"我们 有 英文 课 的 功课。我们 看书，好 吗? 我们 有 功课，不 可以 玩。功课 很 多。我们 要 看书! "

Susan 说："为什么 是 你 说 我们 要 看书? 你 不是 我的 妈妈。妳 也 不是 老师。我们 是 朋友。"

Linda 说："因为 我 是 boss。"

Susan 说："妳 不是 我的 boss。爸爸 妈妈 是 我的 boss，但是 妳 不是 我的 boss。"

xǐhuān kànshū de rén, suǒyǐ lǎoshī bù xǐhuān tā. Susan yào lǎoshī xǐhuān tā, dànshì tā bù xǐhuān kànshū.

Yīnwèi Susan de yīngwén lǎoshī bù xǐhuān tā, yīngwén kè hěn máfán. Shùxué lǎoshī xǐhuān Susan. Susan búshì hěn xǐhuān shùxué kè. Dànshì yīnwèi lǎoshī xǐhuān tā, suǒyǐ shùxué bù máfán.

Bù xǐhuān kànshū hěn máfán. Méiyǒu Weeee yě hěn máfán! Susan hěn bù gāoxìng.

Linda yě hěn máfán. Tā shì hěn máfán de péngyǒu. "Wǒ bù xiǎng wán Weeee. Wǒ xiǎng kànshū. Wǒmen de yīngwén lǎoshī shuō, wǒmen yào kàn Romeo and Juliet. Wǒ xǐhuān wǒmen de lǎoshī. Wǒ bú yào lǎoshī bù gāoxìng, suǒyǐ wǒ yào kànshū. Nǐ bù xǐhuān lǎoshī ma? Wǒmen kànshū, hǎo ma?"

Susan hěn bù gāoxìng. Tā bù xǐhuān tāde yīngwén lǎoshī, yīnwèi yīngwén lǎoshī bù xǐhuān "Bù xǐhuān kànshū de rén". Tā yě hěn xiǎng wán Weeee. Tā bùxiǎng kànshū. Tā yě bù xǐhuān Linda gēn tā shuō tā yào kànshū.

Susan shuō: "Kànshū hěn máfán! Wǒ xiǎng wán Weeee!"

Linda shuō: "Wǒmen yǒu yīngwén kè de gōngkè. Wǒmen kànshū, hǎo ma? Wǒmen yǒu gōngkè, bù kěyǐ wán. Gōngkè hěnduō. Wǒmen yào kànshū!"

Susan shuō: "Wèishénme shì nǐ shuō wǒmen yào kànshū? Nǐ

Linda 说："你贵姓?"

Susan 说，"我姓什么? 我姓 Smith。 我叫 Susan Smith。"

Linda 说，"我呢? 我姓 Smith 吗?"

Susan 不高兴地说，"妳不姓 Smith。 你姓 Bosse。"

Linda 很高兴地说，"对了。 妳姓 Smith。 我不姓 Smith。 我姓 Bosse! 所以，谁是 boss?"

Susan 生气。 Linda 很麻烦!"你姓 Bosse。 但是妳不是 Boss! 妳不是我的 Boss! 妳不可以要我看书!"

Linda 说，"妳不是 boss， 因为妳不姓 Bosse。 妳姓 Smith。 Smith 不是 Bosse! 我姓 Bosse， 所以我是 boss!"

Susan 很生气! 她不喜欢 Linda 说她是 boss。

Linda 说："妳没有 Weeee， 也不姓 Bosse。 妳要玩 Weeeee。 我有 Weeee， 也姓 Bosse， 所以我是你的 boss!"

Susan 很生气， 但是 Linda 有 Weeee， 所以 Susan 说："好的， 我们看书。"

Susan 不高兴， 但是有 Weeee 的人是 boss。

没有 Weeee 很麻烦!

búshì wǒde māma. Nǐ yě búshì lǎoshī. Wǒmen shì péngyǒu."

Linda shuō: "Yīnwèi wǒ shì boss."

Susan shuō: "Nǐ búshì wǒde boss. Bàba māma shì wǒde boss, dànshì nǐ búshì wǒde boss."

Linda shuō: "Nǐ guì xìng?"

Susan shuō: "Wǒ xìng shénme? Wǒ xìng Smith. Wǒ jiào Susan Smith."

Linda shuō: "Wǒ ne? Wǒ xìng Smith ma?"

Susan bù gāoxìng de shuō: "Nǐ bú xìng Smith. Nǐ xìng Bosse."

Linda hěn gāoxìng de shuō: "Duì le. Nǐ xìng Smith. Wǒ bú xìng Smith. Wǒ xìng Bosse! Suǒyǐ, shéi shì boss?"

Susan shēngqì. Linda hěn máfán! "Nǐ xìng Bosse. Dànshì nǐ búshì boss! Nǐ búshì wǒde boss! Nǐ bù kěyǐ yào wǒ kànshū! "

Linda shuō: "Nǐ búshì boss! Yīnwèi nǐ bú xìng Bosse. Nǐ xìng Smith. Smith búshì Bosse! Wǒ xìng Bosse, suǒyǐ wǒ shì boss! "

Susan hěn shēngqì! Tā bù xǐhuān Linda shuō tā shì boss.

Linda shuō: "Nǐ méiyǒu Weeee, yě bú xìng Bosse. Nǐ yào wán Weeee. Wǒ yǒu Weeee, yě xìng Bosse, suǒyǐ wǒ shì nǐde boss! "

Susan hěn shēngqì, dànshì Linda yǒu Weeee. Suǒyǐ Susan shuō: "Hǎodi, wǒmen kànshū! "

Susan bù gāoxìng, dànshì yǒu Weeee de rén shì boss.

Méiyǒu Weeee hěn máfán!

第三章

看书 不好玩！

Susan 在家。她想上网。她的朋友在 Facebook 说"数学功课很多!"Susan 想上网。她很想上 Facebook,因为她也想 数学功课很多。但是 Susan 的电脑很麻烦。Susan 的电脑不是新的电脑。她的电脑是旧的电脑。电脑很大,也不好看。Susan 很烦恼。她要新的电脑。

Susan 想上 Facebook。她想上 Facebook 说"我也想数学功课很多!"朋友是她新的 Facebook 朋友。Susan 也想在 Facebook 上说:"数学课很麻烦,英文课很麻烦,没有 Weeee 很麻烦,吃 Cheesy Tuna Surprise 也麻烦,什么都很麻烦!!!"

但是因为电脑很旧, Facebook 不好上! Susan 很烦恼,因为她很想要上网。

因为 Susan 烦恼,所以她很不高兴地说:"电脑旧了。很麻烦。我要新的电脑!"

但是她的妈妈说:"Susan,你的电脑很好。妳可以上网就好了! 你去上网,好吗?"

Susan 很生气,因为妈妈说旧的电脑很好。旧的电脑很麻烦! 不是 Susan 要不高兴。有旧的电脑的人都不高兴,不是吗? Susan 生气地说:"我朋友都有新的电脑! 我也要!"

妈妈说:"妳不是要看《Romeo and Juliet》

Dì sān zhāng

Susan zài jiā. Tā xiǎng shàngwǎng. Tāde péngyǒu zài Facebook shuō "Shùxué gōngkè hěn duō! " Susan xiǎng shàng-wang. Tā hěn xiǎng shàng Facebook, yīnwèi tā yě xiǎng shùxué gōngkě hěnduō. Dànshì Susan de diànnǎo hěn máfán. Susan de diànnǎo bú shì xīn de diànnǎo. Susan de diànnǎo shì jiù de diànnǎo. Diànnǎo hěn dà, yě bù hǎokàn. Susan hěn fánnǎo. Tā yào xīnde diànnǎo.

Susan xiǎng shàng Facebook. Tā xiǎng shàng Facebook shuō "Wǒ yě xiǎng shùxué gōngkè hěn duō! " Péngyǒu shì tā xīnde Facebook péngyǒu. Susan yě xiǎng zài Facebook shàng shuō: "Shùxué kè hěn máfán, yīngwén kè hěn máfán, méiyǒu Weeee hěn máfán, chī Cheesy Tuna Surprise yě máfán, shénme dōu hěn máfán! ! ! "

Dànshì yīnwèi diànnǎo hěn jiù, Facebook bùhǎo shàng! Susan hěn fánnǎo, yīnwèi tā hěn xiǎngyào shàngwǎng.

Yīnwèi Susan fánnǎo, suǒyǐ tā hěn bù gāoxìng de shuō: "Diànnǎo jiù le. Hěn máfán. Wǒ yào xīnde diànnǎo! "

Dànshì tāde māma shuō: "Susan, nǐde diànnǎo hěn hǎo. Nǐ kěyǐ shàngwǎng jiù hǎo le! Nǐ qù shàngwǎng, hǎo ma?"

Susan hěn shēngqì, yīnwèi māma shuō jiùde diànnǎo hěnhǎo. Jiùde diànnǎo hěn máfán! Búshì Susan yào bù gāoxìng. Yǒu jiùde diànnǎo de rén dōu bù gāoxìng, búshì ma? Susan

吗? 去 看书! 多 看书! 看书 好。 上网 不好。 不要 上网 了!"Susan 很 不 高兴。

Susan 去 看书。 英文 课 的 书 在 哪儿? 在 电视 上 吗? 电视 上 没有 她 的 书。 麻烦! 书 在 哪儿?

Susan 说: "我 的 书 在 哪儿?"

妈妈 说: "Susan, 妳 去 看看 电视 上 有 没有 妳 的 书。"

Susan 说: "没有。"

妈妈 烦恼 地 说: "没有 吗? 电视 下 呢?"

Susan 说: "电视 上 没有。 电视 下 也 没有!"

Susan 的 妈妈 很 不 高兴。 她 去 看了看, 生 气 地 说:

"有 啊! 电视 下 有 书。 妳 看! 妳 的 书 就 在 电视 下!"

Susan 很 烦恼。 她 的 书 在 电视 下 吗? 她 没有 看 电视 下! 她 去 看 电视 下 的 书。"电视 下 的 书 不是 我 的 书, 是 爸爸 的 书!"

"爸爸 的 书 吗? 麻烦!"Susan 的 妈妈 去 看 电脑 上 有 没有 书。

"Susan, 就 在 电脑 上! 在 电脑 上 的 书 不是 你 的 吗? 去 看书! 妳 的 英文 老师 说 妳 要 多多 看 书!"

Susan 去 看书。 她 没有 看 很多。 她 都 在 想

shēngqì de shuō: "Wǒ péngyǒu dōu yǒu xīnde diànnǎo! Wǒ yě
yào! "

Māma shuō: "Nǐ búshì yào kàn Romeo and Juliet ma? Qù
kànshū! Duō kànshū! Kànshū hǎo. Shàngwǎng bùhǎo. Búyào
shàngwǎng le! " Susan hěn bù gāoxìng.

Susan qù kànshū. Yīngwén kè de shū zài nǎr? Zài diànshì
shàng ma? Diànshì shàng méiyǒu tāde shū. Máfán! Shū zài nǎr?

Susan shuō: "Wǒde shū zài nǎr?"

Māma shuō: "Susan, nǐ qù kànkan diànshì shàng yǒu méiyǒu
nǐde shū."

Susan shuō: "Méiyǒu."

Māma fánnǎo de shuō: "Méiyǒu ma? Diànshì xià ne?"

Susan shuō: "Diànshì shàng méiyǒu. Diànshì xià yě
méiyǒu! "

Susan de māma hěn bù gāoxìng. Tā qù kànlekàn, shēngqì de
shuō:

"Yǒu a! Diànshì xià yǒu shū. Nǐ kàn! Nǐde shū jiù zài diàn-
shì xià! "

Susan hěn fánnǎo. Tāde shū zài diànshì ma? Tā méiyǒu kàn
diànshì xià! Tā qù kàn diànshì xià de shū. "Diànshì xià de shū
búshì wǒde shū, shì bàba de shū! "

"Bàba de shū ma? Máfán! " Susan de māma qù kàn diànnǎo
shàng yǒu méiyǒu shū.

不可以上网的烦恼。Susan 很不高兴。

Susan 的爸爸说："Susan! 吃饭了! 不是 Cheesy Tuna Surprise！"

Susan 很高兴！"我们不吃 Cheesy Tuna Surprise 吗? 我们吃什么饭? 我们可以去 Burger Duke 吃吗? 我们要不要在 Tennessee Fried Chicken 吃饭? 我们要在哪儿吃饭? 爸爸，你说！"

Susan 的爸爸说："我们不去 BurgerDuke，也不去 Tennessee Fried Chicken。我们在家吃饭。"

Susan 说："你说不是 Cheesy Tuna Surprise，不是吗?"

她的爸爸说："不是! 是新的。叫 Creamy Cauliflower Casserole！"

Susan 很不高兴。她烦恼，因为电脑旧了。她烦恼因为书不好看。但是旧的电脑也好。不好看的书也好。但是 Creamy Cauliflower Casserole? 麻烦!

"Susan, jiù zài diànnǎo shàng! Zài diànnǎo shàng de shū búshì nǐde ma? Qù kànshū! Nǐde yīngwén lǎoshī shuō nǐ yào duōduō kànshū! "

Susan qù kànshū. Tā méiyǒu kàn hěnduō. Tā dōu zài xiǎng bù kěyǐ shàngwǎng de fánnǎo. Susan hěn bù gāoxìng.

Susan de bàba māma shuō: "Susan! Chīfàn le! Búshì Cheesy Tuna Surprise! "

Susan hěn gāoxìng! "Wǒmen bùchī Cheesy Tuna Surprise ma? Wǒmen chī shénme fàn? Wǒmen kěyǐ qù Burger Duke chī ma? Wǒmen yào búyào zài Tennessee Fried Chicken chīfàn? Wǒmen yào zài nǎr chīfàn? Bàba, nǐ shuō! "

Susan de bàba shuō: "Wǒmen bú qù Burger Duke, yě búqù Tennessee Fried Chicken. Wǒmen zài jiā chīfàn."

Susan shuō: "Nǐ shuō búshì Cheesy Tuna Surprise, búshì ma?"

Susan de bàba shuō: "Búshì! Shì xīnde. Jiào Creamy Cauliflower Casserole! "

Susan hěn bù gāoxìng. Tā fánnǎo, yīnwèi diànnǎo jiù le. Tā fánnǎo yīnwèi shū bùhǎo kàn. Dànshì, jiùde diànnǎo yěhǎo. Bù hǎokàn de shū yěhǎo. Dànshì Creamy Cauliflower Casserole? Máfán!

第四章

我 有 票 了 ！

星期四，Susan 在 家。她 想要 上网，因为她 想要 看 Facebook。但是 因为 Susan 的 电脑 很旧，Susan 很 烦恼。

Susan 想要 跟 她的 妈妈 说：“我 要 新的 电脑。”但是 她的 妈妈 说，她 不要 买 新的 电脑。妈妈 很 麻烦。

妈妈 跟 Susan 说，“Susan，你 在 忙 吗? 有没有 功课?”

Susan 说，“没有! 我们 没有 功课。我 不忙。我 想要 上网，但是- - ”

妈妈 说，“但是 你的 电脑 不好。Susan，我们 不买 新的 电脑。”

Susan 不 高兴。她 要 新的 电脑。但是 没办法。

Susan 的 妈妈 跟 她 说：“Susan，快 去 Value Mart，好 吗? 我们 没有 MiracleWhip 了。爸爸 很喜欢 MiracleWhip，但是 我 在 忙。你 去 买，好不好?”

Susan 很 高兴。她 喜欢 去 ValueMart。Value Mart 很 大。在 ValueMart 有 很多 人。Susan 的朋友 都 去 ValueMart。Susan 喜欢 去 ValueMart，因为 她 喜欢 看 她的 朋友。

Dì sì zhāng

Xīngqī sì Susan zài jiā. Tā xiǎngyào shàngwǎng,
yīnwèi tā xiǎngyào kàn Facebook. Dànshì yīnwèi Susan de
diànnǎo hěn jiù, Susan hěn fánnǎo.

Susan xiǎngyào gēn tāde māma shuō: "Wǒ yào xīnde
diànnǎo. Dànshì tāde māma shuō: tā búyào mǎi xīnde
diànnǎo. Māma hěn máfán.

Māma gēn Susan shuō: "Susan, nǐ zài máng ma? Yǒu
méiyǒu gōngkè?"

Susan shuō: "Méiyǒu! Wǒmen méiyǒu gōngkè. Wǒ
bùmáng. Wǒ xiǎngyào shàngwǎng, dànshì--"

Māma shuō: "Dànshì nǐde diànnǎo bùhǎo. Susan, wǒmen
bù mǎi xīnde diànnǎo."

Susan bù gāoxìng. Tā yào xīnde diànnǎo. Dànshì méi
bànfǎ.

Susan de māma gēn tā shuō: "Susan, kuài qù valuemart,
hǎo ma? Wǒmen méiyǒu Miracle Whip le. Bàba hěn xǐhuān
Miracle Whip, dànshì wǒ zài máng. Nǐ qù mǎi, hǎo bùhǎo?"

Susan hěn gāoxìng. Tā xǐhuān qù Value Mart. Value Mart
hěn dà. Zài Value Mart yǒu hěnduō rén. Susan de péngyǒu
dōu qù Value Mart. Susan xǐhuān qù Value Mart, yīnwèi tā

Susan 也 喜欢 去 ValueMart 因为 她 不 喜欢 在家 看 英文 课 的 书。 ValueMart 的 书 很多。 Susan 喜欢 看 ValueMart 的 书。 在 ValueMart 的 书 不是 课本, 所以 Susan 喜欢。

Susan 也 喜欢 去 ValueMart 因为 有 一个 很好 看 的 男孩子 在 ValueMart 工作。 Susan 很 喜欢 他。 Susan 喜欢 去 ValueMart 看 他。 他 叫 高明 英。 他 是 美国人, 但是 他的 爸爸 妈妈 是 中国 人。

Susan 跟 妈妈 说: "好。 我 马上 去!"

在 ValueMart, 人 很多。 有的 人 想买 电脑。

Susan 看了看 电脑。ValueMart 的 电脑 都 很 好。 Susan 想要 买, 但是 她 没有 钱。

Susan 看了看 在ValueMart 的 人。 高明英 在! 她 喜欢 的 男孩子 在! Susan 看了看 他。 他 很 好 看! Susan 很 想 跟 他 说"我 喜欢 你", 但是 他 有 女 朋友。 Susan 跟他 说, "请问, MiracleWhip 在 哪里?"

Susan 喜欢 的 男孩子 跟 她 说: "没有 了。 但是 我们 明天 就 有了。"

"谢谢。"Susan 快要 哭 了。 她 很 不 高兴。 她 妈妈 要 她 买 MiracleWhip。 爸爸 很 喜欢。 但是

xǐhuān kàn tāde péngyǒu.

Susan yě xǐhuān qù Value Mart yīnwèi tā bù xǐhuān zàijiā
kàn yīngwén kè de shū. Value Mart de shū hěnduō. Susan
xǐhuān kàn Value Mart de shū. Zài Value Mart de shū búshì
kèběn, suǒyǐ Susan xǐhuān.

Susan yě xǐhuān qù Value Mart yīnwèi yǒu yīgè hěn
hǎokàn de nánháizǐ zài Value Mart gōngzuò. Susan hěn
xǐhuān tā. Susan xǐhuān qù Value Mart kàn tā. Tā jiào
gāomíngyīng. Tā shì měiguórén, dànshì tāde bàba māma shì
zhōngguó rén.

Susan gēn māma shuō: "Hǎo. Wǒ mǎshàng qù! "

Zài Value Mart, rén hěnduō. Yǒude rén xiǎng mǎi
diànnǎo. Susan kànle kàn diànnǎo. Value Mart de diànnǎo
dōu hěn hǎo. Susan xiǎngyào mǎi, dànshì tā méiyǒu qián.

Susan kànlekàn zài Value Mart de rén. Gāo Míngyīng
zài! Tā xǐhuān de nánháizǐ zài! Susan kànlekàn tā. Tā hěn
hǎokàn! Susan hěn xiǎng gēn tā shuō "Wǒ xǐhuān nǐ", dànshì
tā yǒu nǚ péngyǒu. Susan gēn tā shuō: "Qǐngwèn, Miracle
Whip zài nǎlǐ?"

Susan xǐhuān de nánháizǐ gēn tā shuō: "Méiyǒu le.
Dànshì wǒmen míngtiān jiù yǒule."

"Xièiè." Susan kuàiyào kū le. Tā hěn bú gāoxìng. Tā

在 ValueMart 没有。 麻烦! Susan 不 想要 去 Pri-
ceMart。 她 要 在家 上网。 她 不要 去 PriceMart。
去 PriceMart 很 麻烦。

Susan 跟 她 喜欢 的 男孩子 说:"你们 没有
MiracleWhip。 但是 我 妈妈 要 我 要 买 Miracle-
Whip。 很 麻烦!"

Susan 喜欢 的 男孩子 说:"对不起。 我 看 你
很 烦恼。我们 就 给 你 一张 Powerball 票。 我们
给 你 一张 票, 因为 我们 没有 MiracleWhip。 好不
好?"

"谢谢! 我 爸爸 妈妈 都 不买 Powerball 票。
我 喜欢 Powerball。 Powerball 的 钱 很多。 我 想要
有 很多 钱。"

Susan 很 快乐 地 跟她 妈妈 说,"你看! 在
ValueMart 没有 MiracleWhip, 但是 ValueMart 的
人 给 了 我们 一张 Powerball 票 , 不要 钱! 不是 很
好 吗?"

Susan 的 妈妈 说:"我 不要 Powerball 的 票。
我 要 MiracleWhip。 麻烦!"但是 Susan 不 烦恼。她
很 高兴。 Powerball 的 钱 很多!

māma yào tā mǎi Miracle Whip. Bàba hěn xǐhuān. Dànshì zài
Value Mart méiyǒu. Máfán! Susan bù xiǎngyào qù Pricemart.
Tā yào zàijiā shàngwǎng. Tā bù yào qù Pricemart. Qù price
mart hěn máfán.

Susan gēn tā xǐhuān de nánháizǐ shuō: "Nǐmen méiyǒu
Miracle Whip. Dànshì wǒ māma yào wǒ mǎi Miracle Whip.
Hěn máfán! "

Susan xǐhuān de nánháizǐ shuō: "Duìbùqǐ. Wǒ kàn nǐ hěn
fánnǎo. Wǒmen jiù gěi nǐ yìzhāng Powerball piào. Wǒmen
gěi nǐ yìzhāng piào, yīnwèi wǒmen méiyǒu Miracle Whip.
Hǎo bùhǎo?"

"Xièxiè! Wǒ bàba māma dōu bùmǎi Powerball piào.
Wǒ xǐhuān Powerball. Powerball de qián hěnduō. Wǒ
xiǎngyào yǒu hěnduō qián."

Susan hěn kuàile de gēn tā māma shuō: "Nǐ kàn! Zài
Value Mart méiyǒu Miracle Whip, dànshì Value Mart de rén
gěile wǒmen yìzhāng Powerball piào, búyào qián! Búshì
hěnhǎo ma?"

Susan de māma shuō: "Wǒ búyào Powerball de piào. Wǒ
yào Miracle Whip. Máfán! " Dànshì Susan bù fánnǎo. Tā hěn
gāoxìng. Powerball de qián hěnduō!

第五章

几个 号码?

星期六，Susan 都 在 想 Powerball 的 票。
Susan 想要 赢 很多钱。 Powerball 的 钱 很多。 赢
了Powerball， 就 有 六千万！六千万 很多。

Susan 去 Linda 的 家。 Susan 要 玩 Weee。 但
是 Linda 不要 玩 Weee。"我 不想 玩 Wee。 我们
去 Crossgates Mall， 好不好？"

Susan 不想 去。 她 很 想 玩 Wee。 虽然 Linda
很 麻烦， 但是 Susan 都 没有 生气。 她 很 快乐。
她 快乐， 因为 她 都 在 想 PowerBall 的 票。 六千
万！

如果 Susan 有 六千万 ， 她 就 可以 买 Weee
了。 Linda 要不要 玩 Weee 都 没有 关系 了。
Susan 就 可以 在 家 玩 Weee 了。

因为 Susan 不想 去 Crossgates Mall， 她 在 家
上网。 虽然 她的 电脑 很 麻烦， 但是 她 没有 生
气。 她 在 想 PowerBall 的 票。 她 在 想 Powerball
的 六千万 。 如果 她 有 六千万 ， 她 就 可以 买 新
的 电脑 了。

Susan 看 妈妈 的 Cheesy Tuna Surprise， 也 不
烦恼。 她 吃了 很多。 她 爸爸 说，"Susan， 妈妈
的 Cheesy Tuna Surprise 很 好吃， 不是 吗？"

Susan 不 在 想 Cheesy Tuna Surprise。 她 在 想
六千万 。 有了 Powerball 的 钱， 她 就 不吃 Cheesy

Dì wǔ zhāng

Xīngqī liù, Susan dōu zài xiǎng Powerball de piào.
Susan xiǎngyào yíng hěnduō qián. Powerball de qián hěnduō.
Yíngle Powerball, jiù yǒu liùqiānwàn! Liùqiānwàn hěnduō.

Susan qù Linda de jiā. Susan yào wán Weeee. Dànshì
Linda búyào wán Weeee. "Wǒ bù xiǎng wán Weeee. Wǒmen
qù Crossgates Mall, hǎo bùhǎo?"

Susan bù xiǎng qù. Tā hěn xiǎng wán Weeee. Suīrán
Linda hěn máfán, dànshì Susan dōu méiyǒu shēngqì. Tā hěn
kuàile. Tā kuàile, yīnwèi tā dōu zài xiǎng Powerball de piào.
Liùqiānwàn!

Rúguǒ Susan yǒu liùqiānwàn, tā jiù kěyǐ mǎi Weeee le.
Linda yàobúyào wán Weeee dōu méiyǒu guānxi le. Susan jiù
kěyǐ zài jiā wán Weeee le.

Yīnwèi Susan bùxiǎng qù Crossgates Mall, tā zàijiā
shàngwǎng. Suīrán tāde diànnǎo hěn máfán, dànshì tā dōu
méiyǒu shēngqì. Tā zài xiǎng Powerball de piào. Tā zài xiǎng
Powerball de liùqiānwàn. Rúguǒ tā yǒu liùqiānwàn, tā jiù
kěyǐ mǎi xīnde diànnǎo le.

Susan kàn māma de Cheesy Tuna Surprise, yě bù fánnǎo.
Tā chīle hěnduō. Tā bàba shuō: "Susan, māma de Cheesy
Tuna Surprise hěn hǎochī, búshì ma?"

Tuna Surprise 了! Susan 很 快乐。

"很 好吃。 今天 是 星期六, 不是 吗?"

"是的。"Susan 的 爸爸 看了看 她。" Cheesy Tuna Surprise 不好 吗? 你 不吃 Cheesy Tuna Surprise 吗?"

Susan 不想 吃 Cheesy Tuna Surprise。"星期 六 有 Powerball。 我们 去 看 电视, 好不好?"

Susan 的 妈妈 说, "为什么 要 看 电视? 我 不 喜欢 看 电视。 我 不 喜欢 看 赢了 Powerball 的 人。 我们 没有 钱。 我们 为什么 要 看 很 有钱 的 人?"

Susan 跟 她 说: "我们 有 一张 Powerball 的 票。 你 不想 看 吗? 如果 我们 赢了 Powerball, 我们 就 是 很 有钱 的 人 了。"

妈妈 说: "跟 你 爸爸 去 看, 好吗?"

Susan 跟 爸爸 去 看 电视。 他们 的 电视 不 大。 Susan 不 喜欢。 Susan 喜欢 看 大 电视。 Linda 有 很 大 电视。 玩 Weee 的 人 都 喜欢 大 电 视。 但是 Susan 不 在想 电视 大 不大。 她 在想 Powerball 的 票。

"在 ValueMart, 六 大 瓶的 MegaCola 六块钱! 要买, 要快! "

Susan 不要 看 ValueMart 的 MegaCola。 她 要

Susan bú zài xiǎng Cheesy Tuna Surprise. Tā zài xiǎng liùqiānwàn. Yǒule Powerball de qián, tā jiù bùchī Cheesy Tuna Surprise le! Susan hěn kuàile.

"Hěn hǎochī. Jīntiān shì xīngqī liù, búshì ma?"

"Shìde." Susan de bàba kànlekàn tā. "Cheesy Tuna Surprise bùhǎo ma? Nǐ bùchī Cheesy Tuna Surprise ma?"

Susan búxiǎng chī Cheesy Tuna Surprise. "Xīngqī liù yǒu Powerball. Wǒmen qù kàn diànshì, hǎo bùhǎo?"

Susan de māma shuō: "Wèishénme yào kàn diànshì? Wǒ bù xǐhuān kàn diànshì. Wǒ bù xǐhuān kàn yíngle Powerball de rén. Wǒmen méiyǒu qián. Wǒmen wèishénme yào kàn hěn yǒuqián de rén?"

Susan gēn tā shuō: "Wǒmen yǒu yìzhāng Powerball de piào. Nǐ bùxiǎng kàn ma? Rúguǒ wǒmen yíngle Powerball, wǒmen jiù shì hěn yǒuqián de rén le."

Māma shuō: "Gēn nǐ bàba qù kàn, hǎo ma?"

Susan gēn bàba qù kàn diànshì. Tāmen de diànshì bú dà. Susan bù xǐhuān. Susan xǐhuān kàn dà diànshì. Linda yǒu hěn dà diànshì. Wán Weeee de rén dōu xǐhuān dà diànshì. Dànshì Susan bú zài xiǎng diànshì dà búdà. Tā zài xiǎng Powerball de piào.

"Zài Value Mart, liù dà píng de MegaCola liùkuài Qián! Yàomǎi, yàokuài!"

看 PowerBall。

"Tennessee Fried Chicken 好吃! 六个人吃，十块钱! 快去Tennessee Fried Chicken 吃!"Susan 很烦恼。她 不要 看 Tennessee Fried Chicken 。 她 要 看 PowerBall!

Susan 看 Powerball 的 票。 她的 号码 是: 三、六、二十六、四十七、五十、六十三。 快快快! 她 要 看 PowerBall 的 号码!

Susan 的 妈妈 说，"我们 没有 Jello 了。 你们 如果 要 吃 BroccoJelloMold， 就 快去 ValueMart 买 Jello， 好吗?"

Susan 的 爸爸 看一看 她。 Susan 跟他 说，"爸爸， 你 不要 去 ValueMart， 好吗? 我们 要 看 PowerBall 的 号码。 我们 要 赢 PowerBall。 "

Susan 的 爸爸 说，"Susan， 我们 去 ValueMart。 我们 星期六 都 看 PowerBall。 但是 我们 都 没有 赢。 我们 去 买 Jello， 好吗?"

Susan 说，"爸爸， 你 看! PowerBall 的 号码！"

"好了， 好了。"爸爸 看了 电视。

"第一个 号码 是 六! 六! "

Susan 说:"很好! 我们 的 票 有 六号! "

"第二个 号码 是 二十六。"Susan 很 快乐! 她的 票 也 有 二十六!

Susan búyào kàn Value Mart de MegaCola. Tā yào kàn
Powerball.

"Tennessee Fried Chicken hǎochī! Liùgè rén chī,
shíkuàiqián! Kuàiqù Tennessee Fried Chicken chī! " Susan
hěn fánnǎo. Tā búyào kàn Tennessee Fried Chicken. Tā yào
kàn Powerball!

Susan kàn Powerball de piào. Tāde hàoma shì: sān,
liù, èrshíliù, sìshíqī, wǔshí, liùshísān. Kuàikuàikuài! Tā yào
kàn Powerball de hàoma!

Susan de māma shuō: "Wǒmen méiyǒu jello le. Nǐmen
rúguǒ yào chī broccojellomold, jiù kuàiqù Value Mart mǎi
jello, hǎo ma?"

Susan de bàba kànyīkàn tā. Susan gēn tā shuō: "Bàba,
nǐ búyào qù Value Mart, hǎo ma? Wǒmen yào kàn Powerball
de hàoma. Wǒmen yào yíng Powerball."

Susan de bàba shuō: "Susan, wǒmen qù Value Mart.
Wǒmen xīngqīliù dōu kàn Powerball. Dànshì wǒmen dōu
méiyǒu yíng. Wǒmen qù mǎi jello, hǎo ma?"

Susan shuo, "Bàba, nǐ kàn! Powerball de hàoma! "

"Hǎole, hǎole." Bàba kànlekàn diànshì.

"Dìyīgè hàoma shì liù! Liù! "

Susan shuo, "Hěn hǎo! Wǒmen de piào yǒu liùhào! "

"第三个 号码 是 六十三。"

Susan 跟 爸爸 说:"三个 号码 了! 我们 快 要 有 六千万 了!"

"第四个 号码 是 三号。 三号。"

Susan 看了看 票。 三号 有了!

"第五个 号码 是 五十。"

爸爸 跟 Susan 说:"我们 有 五个 号码, 但是 五个 号码 不是 六个 号码!"

Susan 说:"我们 票 的 第六个 号码 是 四十七。 四月 七号 就是 我 的 生日。 四十七! 四十七!"

"第六个 号码 是 四十一。"

四十一? Susan 快要 哭 了! 他们 没有 六个 号码。 五个 号码 很好, 但是 不是 很多 钱。 有 六个 号码 的 人 就 赢 六千万。 有 五个 号码 的 人 赢 三百 块钱。

爸爸 说, "没关系! 五个 号码 很好!"

电视 的 人 说:"对不起! 我 不对! 第六个 号码 不是 四十一。 第六个 号码 是 四十七!"

Susan 跟 爸爸 说:"爸爸! 我们 赢了 六千万 了!"

爸爸 把 他的 Cheesy Tuna Surprise 给 狗狗 吃。

"Dièrgè hàoma shì èrshíliù." Susan hěn kuàile! Tāde
piào yě yǒu èrshíliù!

"Dìsāngè hàoma shì liùshísān."

Susan gēn bàba shuō: "Sāngè hàoma le! Wǒmen kuài yào
yǒu liùqiānwàn le! "

"Dìsìgè hàoma shì sān hào. Sānhào."

Susan kànlekàn piào. Sānhào yǒule!

"Dìwǔgè hàoma shì wǔshí."

Bàba gēn Susan shuō: "Wǒmen yǒu wǔgè hàoma, dànshì
wǔgè hàoma búshì liùgè hàoma! "

Susan shuo, "Wǒmen piào de dìliùgè hàoma shì sìshíqī.
Sìyuè qīhào jiùshì wǒde shēngrì. Sìshíqī! Sìshíqī! "

"Dìliùgè hàoma shì sìshíyī."

Sìshíyī? Susan kuàiyào kū le! Tāmen méiyǒu liùgè
hàoma. Wǔgè hàoma hěnhǎo, dànshì búshì hěnduō qián. Yǒu
liùgè hàoma derén jiù yíng liùqiānwàn. Yǒu wǔgè hàoma de rén
yíng sānbǎi kuàiqián.

Bàba shuō: "Méiguānxi! Wǔgè hàoma hěnhǎo! "

Diànshì de rén shuō: "Duìbùqǐ! Wǒ búduì! Dìliùgè
hàoma búshì sìshíyī. Dìliùgè hàoma shì sìshíqī."

Susan gēn tā bàba shuō: "Bàba! Wǒmen yíngle
liùqiānwàn le! "

Bàba bǎ tāde Cheesy Tuna Surprise gěi gǒugǒu chī.

第六章

誰 把票 放在 那兒?

星期一，Susan 在家。她 没有 去 学校。她 爸爸 妈妈 也 没有 去 工作。三个 人 都 在家。他们 在家，因为 他们 星期六 赢了 PowerBall。星期一，Powerball 的 人 要 来 他们的 家。

Susan 的 爸爸 妈妈 没有 去 工作，因为 Power-Ball 的 人 要 来 他们 的 家。PowerBall 的 人 要 看 Susan 的 票。他 要 看 号码。他 要 看 号码 对不对。

九点钟。Powerball 的 人 没有 来。Susan 的 妈妈 说，"Powerball 的 人 在 哪里?"

Susan 的 爸爸 跟 她 说，"他 说，他 两点钟 来 我们的 家。我们 看 电视，好不好?"

十二点钟，Susan 的 妈妈 跟 爸爸 说，"Powerball 的 人 怎么 还 没有 来?"

Susan 的 爸爸 跟 妈妈 说："Powerball 的人 说，他 两点钟 来。"

Susan 的 妈妈 说："他 很 麻烦。他 为什么 不 是 九点钟 来? 我 很 想 看 他。我 要 他 看 我们的 Powerball 票。"

Susan 跟 妈妈 说："Powerball 票 的 号码 都 对。你 上网 看 Facebook，好不好?"

但是 Susan 的 妈妈 不 想 上网 看 Facebook。

Dì liù zhāng

Xīngqī yī, Susan zàijiā. Tā méiyǒu qù xuéxiào. Tā bàba
māma yě méiyǒu qù gōngzuò. Sāngè rén dōu zàijiā. Tāmen
zàijiā, yīnwèi tāmen xīngqīliù yíngle Powerball. Xīngqī yī,
Powerball derén yào lái tāmende jiā.

Susan de bàba māma méiyǒu qù gōngzuò, yīnwèi Power-
ball derén yào lái tāmende jiā. Powerball de rén yào kàn Susan
de piào. Tā yào kàn hàoma. Tā yào kàn hàoma duìbúduì.

Jiǔdiǎnzhōng. Powerball de rén méiyǒu lái. Susan de māma
shuō: "Powerball de rén zài nǎlǐ?"

Susan de bàba gēn tā shuō: "Tā shuō: tā liǎngdiǎnzhōng lái
wǒmen de jiā. Wǒmen kàn diànshì, hǎo bùhǎo?"

Shí'èrdiǎnzhōng, Susan de māma gēn bàba shuō: "Power-
ball de rén zěnme hái méiyǒu lái?"

Susan de bàba gēn māma shuō: "Powerball de rén shuō: tā
liǎngdiǎnzhōng lái."

Susan de māma shuō: "Tā hěn máfán. Tā wèishénme búshì
jiǔdiǎnzhōng lái? Wǒ hěn xiǎng kàn tā. Wǒ yào tā kàn wǒmen
de Powerball piào."

Susan gēn māma shuō: "Powerball piào de hàoma dōu duì.

她 要 看Powerball 的 人。

两点钟，Susan 跟 妈妈 爸爸 都 很 高兴。Powerball 的 人 两点 就 要 来 了! 但是 Powerball 的 人 没有 来。麻烦! 三个 人 都 不 高兴。他们 要 看 Powerball 的 人!

三点钟，PowerBall 的 人 来了。Susan 跟 家人 都 很 高兴! Susan 说:"Powerball 的 人 来了! Powerball 的 人 来了!"

Powerball 的人 很 高。他 很 不好看。他 跟 Susan 说:"我 是 Powerball 的 人。我 姓 Fitzsimmons。"

"你好! 我 叫 Susan。"

Susan 的 爸爸 妈妈 来了。Powerball 的 人 跟 Susan 的 爸爸 说:"你们 好! 请问 你 是不是 Bob Smith ?"

Susan 的 爸爸 跟 PowerBall 的 人 说:"我 就 是。请问 你 是...?"

"我 叫 Freddy Fitzsimmons。我 在 PowerBall 工作。"

Susan 跟他 说:"我们 赢了 很多 钱 吗?"

Freddy 说,"如果 六个 号码 都 对，你们 就 赢了。但是 我 要 看 你们 的 票。"

Nǐ shàngwǎng kàn Facebook, hǎo bùhǎo?"

Dànshì Susan de māma bù xiǎng shàngwǎng kàn Facebook. Tā yào kàn Powerball de rén.

Liǎngdiǎnzhōng, Susan gēn māma bàba dōu hěn gāoxìng. Powerball derén liǎngdiǎn jiù yào lái le! Dànshì Powerball de rén méiyǒu lái. Máfán! Sāngè rén dōu bù gāoxìng. Tāmen yào kàn Powerball de rén!

Sāndiǎnzhōng, Powerball de rén láile. Susan gēn jiārén dōu hěn gāoxìng! Susan shuo, "Powerball de rén láile! Powerball de rén láile! "

Powerball derén hěn gāo. Tā hěn bùhǎo kàn. Tā gēn Susan shuō: "Wǒ shì Powerball de rén. Wǒ xìng Fitzsimmons."

"Nǐ hǎo! Wǒ jiào Susan."

Susan de bàba māma láile. Powerball de rén gēn Susan de bàba shuō:

"Nǐmen hǎo! Qǐngwèn nǐ shìbúshì Bob Smith?"

Susan de bàba gēn Powerball de rén shuō: "Wǒ jiù shì. Qǐngwèn níshì...?"

"Wǒ jiào Freddy Fitzsimmons. Wǒ zài Powerball gōngzuò."

Susan gēn tā shuō: "Wǒmen yíngle hěnduō qián ma?"

爸爸 说，"Susan，把 票 给 Fitzsimmons 先生！"

Susan 说，"我 没有。爸爸，你 没有 那张票 吗？"

爸爸 跟 妈妈 说，"Brenda，票 在 哪里？你 把 PowerBall 的 票 放在 哪里？"

Susan 的 妈妈 说，"我 把 票 放在 哪里？你 把 票 放在 哪里？那张票 你 不是 放在 电视 上 吗？你 去 看，PowerBall 的 票 是不是 在 电视 上。"

Susan 跑到 电视 那里。她 看 电视 上。她 不 高兴地 说，"电视 上 没有 票。"

Susan 的 爸爸 说，"我 是不是 把 票 放在 沙发 上？快 去 看 沙发 上，好吗？"

Susan 跑到 沙发 那里。她的 爸爸 妈妈 也 跑 到 沙发 那里。但是 票 不在 沙发 上。Susan 的 爸 爸 很 生气。"那张票 在 哪里？"

Freddy Fitzsimmons 说："如果 你们 没有 票，我 就 没办法。如果 你们 要 PowerBall 的 钱，你 们 就 要 给我 那张票。"

Susan 的 妈妈 说，"Fitzsimmons 先生，你 喝 咖啡 吗？你 先 喝 咖啡。我们 很快 就 把 票 给 你。"

Freddy shuō: "Rúguǒ liùgè hàoma dōu duì, nǐmen jiù yíngle. Dànshì wǒ yào kàn nǐmen de piào."

Bàba shuō: "Susan, bǎ piào gěi Fitzsimmons xiānshēng!"

Susan shuō: "Wǒ méiyǒu. Bàba, nǐ méiyǒu nàzhāngpiào ma?"

Bàba gēn māma shuō: "Brenda, piào zài nǎlǐ? Nǐ bǎ Powerball de piào fàngzài nǎlǐ?"

Susan de māma shuō: "Wǒ bǎ piào fàngzài nǎlǐ? Nǐ bǎ piào fàngzài nǎlǐ? Nàzhāngpiào nǐ búshì fàngzài diànshì shàng ma? Nǐ qù kàn, Powerball de piào shíbùshì zài diànshì shàng."

Susan pǎodào diànshì nàlǐ. Tā kàn diànshì shàng. Tā bù gāoxìng de shuō: "Diànshì shàng méiyǒu piào."

Susan de bàba shuō: "Wǒ shìbúshì bǎ piào fàngzài shāfā shàng? Kuài qù kàn shāfā shàng, hǎo ma?"

Susan pǎodào shāfā nàlǐ. Tāde bàba māma yě pǎodào shāfā nàlǐ. Dànshì piào búzài shāfā shàng. Susan de bàba hěn shēngqì. "Nàzhāngpiào zài nǎlǐ?"

Freddy Fitzsimmons shuō: "Rúguǒ nǐmen méiyǒu piào, wǒ jiù méibànfǎ. Rúguǒ nǐmen yào Powerball de qián, nǐmen jiù yào gěi wǒ nà zhāng piào."

Susan de māma shuō: "Fitzsimmons xiānshēng, nǐ hē

Fitzsimmons 先生 说，"好的。但是 我 喝茶，好吗? 请问 冰 红茶 你们 有 吗?"

Susan 的 妈妈 说，"Susan， Fitzsimmons 先生 想 喝 冰红茶。"

Susan 看了 冰箱 里面。他们 没有 冰 红茶 了。但是 Susan 就 在 冰箱 里面 看到了 PowerBall 的 票! 她 说，"妈妈! 你 看! PowerBall 的 票 就 在 冰箱 里面! 你 把 票 放在 冰箱 里面!"

Susan 的 妈妈 说，"谢天谢地!" 她 把 票 给 Fitzsimmons 先生。

Fitzsimmons 先生 看了看 票。"三、六、二十六、四十七、五十、六十三。对了! 你们 赢了!"

Susan 说，"请问，我们 赢了 多少钱? 是不是 很多?"

Susan 的 爸爸 说，"PowerBall 的 钱 不是 六千万 吗?"

Fitzsimmons 先生 说，"是的。但是，你们的 家 在 New York。New York 也 要 钱。New York 要 三千 五百万。所以 你们 赢的 是 两千 五百 万 了。"

Susan 看了 她的 爸爸 妈妈。他们 什么 都 不 说。两千 五百 万! 那 是 很多 钱! 他们 都 很 快乐!

kāfēi ma? Nǐ xiān hē kāfēi. Wǒmen hěnkuài jiù bǎ piào gěi nǐ."

Fitzsimmons xiānshēng shuō: "Hǎodi. Dànshì wǒ hē

chá, hǎo ma? Qǐngwèn bīng hóngchá nǐmen yǒu ma?"

Susan de māma shuō: "Susan, Fitzsimmons xiānshēng

xiǎng hē bīng hóngchá."

Susan kànle bīngxiāng lǐmiàn. Tāmen méiyǒu bīng

hóngchá. Dànshì Susan jiù zài bīngxiāng lǐmiàn kàndàole Pow-

erball de piào! Tā shuō: "Māma! Nǐ kàn! Powerball de piào jiù

zài bīngxiāng lǐmiàn! Nǐ bǎ piào fàng zài bīngxiāng lǐmiàn! "

Susan de māma shuō: "Xiètiānxièdì! " Tā bǎ piào gěi

Fitzsimmons xiānshēng.

Fitzsimmons xiānshēng kànlekàn piào. "Sān, liù, érshí-

liù, sìshíqī, wǔshí, liùshísān. Duì le! Nǐmen yíngle! "

Susan shuō: "Qǐngwèn, wǒmen yíngle hěnduō qián ma?

Shìbúshì hěnduō?"

Susan de bàba shuō: "Powerball de qián búshì

liùqiānwàn ma?"

Fitzsimmons xiānshēng shuō: "Shìde. Dànshì, nǐmen

de jiā zài New York. New York yě yào qián. New York yào

sānqiān wúbǎi wān. Suǒyǐ nǐmen yíngde shì liǎngqiān wúbǎi

wàn le."

Susan kànle tāde māma bàba. Tāmen shénme dōu bù shuō.

Liǎngqiān wúbǎi wàn! Nà shì hěnduō qián! Tāmen dōu hěn

kuàile!

第七章

上飞机！

三 个 月 以后， Susan 跟 她 爸爸 妈妈 在 Alaska 了。

Fitzsimmons 先生 在 Susan 的 家 的 时候，他 就 说， 虽然 号码 都 对， 但是 他们 都 要 去 Alaska 的 Elephant Point 拿 钱。 他们 要 去 Elephant Point 因为 Powerball 就 在 那儿。

Susan 的 爸爸 不想 去 Alaska 的 Elephant Point。 Susan 的 爸爸 不喜欢 坐 飞机。 他 想，飞机 上 的 电影 不好看。 他 也 想， 坐 飞机 要 很多 钱。 虽然 Susan 跟 她的 妈妈 都 跟 他 说 去 Elephant Point 要 坐 飞机， 但是 他 不想 坐 飞机 去。

Susan 的 妈妈 跟 他 说:"我们 坐 飞机 去 Elephant Point, 好不好? 开车 去 Elephant Point 要 开 八十二 个 小时 的 车! 太 久 了! 我 不想 坐 八十二 个 小时 的 车! 坐 飞机 只要 坐 十二 个 小时。 我们 坐 飞机， 好不好?"

Susan 的 爸爸 听到 Susan 的 妈妈 说"我们 坐 飞机"， 他 就 很 生气。"我 不要 坐 飞机! 我们 有 车。 我们 没有 飞机! 我们 就 开车 去 Elephant Point。"

Susan 的 妈妈 说:"好吧! 我 跟 Susan 坐 飞机

Dì qī zhāng

Sāngè yuè yǐhòu, Susan gēn tā bàba māma zài Alaska
le.

Fitzsimmons xiānshēng zài Susan de jiā deshíhòu,
tā jiù shuō: suīrán hàoma dōu duì, dànshì tāmen dōu yào qù
Alaska de Elephant Point ná qián. Tāmen yào qù Elephant
Point yīnwèi Powerball jiù zài nàr.

Susan de bàba bùxiǎng qù Alaska de Elephant Point.
Susan de bàba bù xǐhuān zuò fēijī. Tā xiǎng, fēijī shàng de
diànyǐng bù hǎokàn. Tā yě xiǎng, zuò fēijī yào hěnduō qián.
Suīrán Susan gēn tāde māma dōu gēn tā shuō qù Elephant
Point yào zuò fēijī, dànshì tā bùxiǎng zuò fēijī qù.

Susan de māma gēn tā shuō: "Wǒmen zuò fēijī qù
Elephant Point, hǎo bùhǎo? Kāichē qù Elephant Point yào
kāi bāshí'èr gè xiǎoshī de chē! Tài jiǔ le! Wǒ bùxiǎng zuò
bāshí'èr gè xiǎoshí de chē! Zuò fēijī zhǐyào zuò shí'èr gè
xiǎoshí. Wǒmen zuò fēijī, hǎo bùhǎo?"

Susan de bàba tīng Susan de māma shuō 'wǒmen zuò
fēijī', tā jiù hěn shēngqì. "Wǒ búyào zuò fēijī! Wǒmen yǒu
chē. Wǒmen méiyǒu fēijī! Wǒmen jiù kāichē qù Elephant
Point."

去。你 要 开车 去，你 就 开车 去。我们 坐 六月
五号 的 飞机 去。你 开车 好了，但是 你 要 五号
到 Elephant Point!"

"好了，好了。你们 坐 飞机 去，我 开车
去。我 五号 就 到。"

五号 五点钟，Susan 跟 她的 妈妈 就 坐 飞机
去 Alaska 的 Elephant Point。他们 先 坐了 飞机 去
Chicago。在 飞机上，Susan 跟 她的 妈妈 看了 电
影。她们 坐 的 飞机 很 旧。Susan 的 妈妈 不 喜欢
旧的 飞机。

"飞机 太 旧 了! 我 不想 坐 旧的 飞机!"

Susan 看了 她的 妈妈。"妈妈，你 怎么 了?"

妈妈 说:"旧的 飞机 不好! 太 小 了! 不好 坐!"

Susan 跟 她 说:"去 Juneau 的 飞机 不是 旧
飞机。是 新 飞机。"

"但是 去 Chicago 的 飞机 旧。"

Susan 不 高兴。妈妈 说 Susan 很 麻烦，但
是 Susan 想，是 她 妈妈 很 麻烦!

在 Chicago, Susan 跟 她的 妈妈 下了 飞机。
她们 在 Concourse B 下了 飞机。她们 要 去 Con-
course D 上 去 Alaska 的 飞机。

Susan de māma shuō: "Hǎoba! Wǒ gēn Susan zuò fēijī

qù. Nǐ yào kāichē qù, nǐ jiù kāichē qù. Wǒmen zuò liùyuè

wǔhào de fēijī qù. Nǐ kāichē hǎole, dànshì nǐ yào wǔhào dào

Elephant Point! "

"Hǎole, hǎole. Nǐmen zuò fēijī qù, wǒ kāichē qù. Wǒ

wǔhào jiù dào."

Wǔhào wúdiǎnzhōng, Susan gēn tāde māma jiù zuò fēijī

qù Alaska de Elephant Point. Tāmen xiān zuòle fēijī qù Chi-

cago. Zài fēijīshàng, Susan gēn tāde māma kànle diànyǐng.

Tāmen zuò de fēijī hěn jiù. Susan de māma bù xǐhuān jiùde

fēijī.

"Fēijī tài jiǔ le! Wǒ bùxiǎng zuò jìde fēijī! "

Susan kànle tāde māma. "Māma, nǐ zěnme le? "

Māma shuō: "Jiùde fēijī bùhǎo! Tài xiǎo le! Bùhǎo zuò!

"

Susan gēn tā shuō: "Qù Juneau de fēijī búshì jiù fēijī. Shì

xīn fēijī."

"Dànshì qù Chicago de fēijī jiù."

Susan bù gāoxìng. Māma shuō Susan hěn máfán, dànshì

Susan xiǎng, shì tā māma hěn máfán!

Zài Chicago, Susan gēn tāde māma xiàle fēijī. Tāmen zài

"我们 要 去 Concourse D。我们 要 上 三点半
的 飞机。"

"几 点钟 了?"

"两点。"

"好，我们 去!"

Susan 跟 她的 妈妈 在 Concourse D."请问，去
Alaska 的 飞机 在 哪儿?"

一个 女人 说，"你们 要 去 Alaska 吗? 去
Alaska 的 飞机 在 5D! 请 去 5D!"

Susan 跟 她的 妈妈 去 5D 上 飞机。

去 Alaska 的 飞机 很大。在 飞机上 的 人 很
多。

"我们 坐 飞机 要 坐 多久?"

"八个 小时。"

"八个 小时? 麻烦!"

"有 两部 电影。你 喜欢 看 电影。飞机上 看
电影 很好。"

"但是 飞机上 的 电影 不好看!"

Susan 看 她的 妈妈。妈妈 说 Susan 麻烦 吗?

飞机上 的 人 都 看 电影。去 Alaska 的 飞机
是 很旧的 飞机。飞机上 没有 很多 小 电视。飞机
上 只有 大 电视。大家 都 要 看 大 电视。飞机上

concourse b xiàle fēijī. Nǐmen yào qù Concourse D shàng qù Alaska de fēijī.

"Wǒmen yào qù Concourse D. Wǒmen yào shàng sāndiǎnbàn de fēijī."

"Jǐ diǎnzhōng le?"

"Liǎngdiǎn."

"Hǎo! Wǒmen qù! "

Susan gēn tāde māma zài Concourse D. "Qǐngwèn, qù Alaska de fēijī zài nǎr?"

Yīgè nǚrén shuō: "Nǐmen yào qù Alaska ma? Qù Alaska de fēijī zài 5D! " Qǐng qù 5D! "

Susan gēn tāde māma qù 5D shàng fēijī.

Qù Alaska de fēijī hěndà. Zài fēijīshàng de rén hěnduō.

"Wǒmen zuò fēijī yào zuò duōjiǔ?"

"Bāgè xiǎoshí."

"Bāgè xiǎoshí? Máfán! "

"Yǒu liǎngbù diànyǐng. Nǐ xǐhuān kàn diànyǐng. Fēijī shàng kàn diànyǐng hěn hǎo."

"Dànshì fēijī shàng de diànyǐng bù hǎokàn! "

Susan kàn tāde māma. Māma shuō Susan máfán ma?

Fēijī shàng de rén dōu kàn diànyǐng. Qù Alaska de fēijī shì hěn jiùde fēijī. Fēijīshàng méiyǒu hěnduō xiǎo diànshì.

的 电影 也 都 是 旧 电影。

　　Susan 的 妈妈 说，"麻烦! 我 不 想 看 旧 的 电影。 我 想 看 NewsMonth。" 但是 飞机上 没有 NewsMonth。

　　Susan 跟她 说:"飞机 上 没有 NewsMonth。 你 看 电影， 好 不 好? 旧的 电影 好 看! 坐 十二 个 小 时 的 飞机 麻烦 还是 跟 爸爸 坐 八十二 个 小时 的 车 麻烦?"

　　三点半， Susan 跟 她的 妈妈 在 Alaska 下 飞 机。 Susan 很 高兴。 她 妈妈 太 麻烦 了! 跟 妈妈 坐 八个 小时 的 飞机 很 麻烦!

Fēijīshàng zhǐ yòu dà diànshì. Dàjiā dōu yào kàn dà diànshì. Fēijīshàng de diànyǐng yě dōu shì jiù diànyǐng.

Susan de māma shuō: "Máfán! Wǒ bùxiǎng kàn jiùde diànyǐng. Wǒ xiǎng kàn Newsmonth." Dànshì fēijīshàng méiyǒu Newsmonth.

Susan gēn tā shuō: "Fēijīshàng méiyǒu Newsmonth. Nǐ kàn diànyǐng, hǎo bùhǎo? Jiùde diànyǐng hǎo kàn! Zuò shí'èr gè xiǎoshí de fēijī máfàn háishì gēn bàba zuò bāshí'èr gè xiǎoshí de chē máfàn?"

Sāndiǎn bàn, Susan gēn tāde māma zài Alaska xià fēijī. Susan hěn gāoxìng. Tā māma tài máfán le! Gēn māma zuò bāgè xiǎoshí de fēijī hěn máfán!

第八章

那只 驼鹿 在哪儿?

Susan 跟 她的 妈妈 去 Anchorage 的 Mukluk's House of Caribou。在 Mukluk's House of Caribou，她们 看到 一部 咖啡色 的 车子。车子 上 有 一只 驼鹿。

"妈，你看! 那 部 车子 上 有 驼鹿!"

"车子 上 有 什么?"

"驼鹿! 一只 驼鹿! 他 坐 在 那部 咖啡色 的 车子 上! 我 在 New York 没有 看过 驼鹿! 好 大!"

但是 妈妈 不听 Susan 说。她 不想 看 驼鹿。
"Bob!"

Susan 的 爸爸 就 在 那儿。他 不 高兴。

Susan 的 妈妈 说:"你好! 好久不见!"

爸爸 没有 说话。Susan 的 妈妈 跟 他 说:"你 怎么 了? 你 还好 吗?"

Susan 跟他 说，"爸爸，你 有 麻烦 吗?"

爸爸 说:"我们 都 有 麻烦! 我们 没办法 去 Elephant Point 了!"

Susan 看了 爸爸。"我们 不去 Elephant Point 吗? 为什么? 我们 要 去 Elephant Point! PowerBall 的 钱 在 那儿! 我们 不去 Elephant Point, 就 没有 钱 了!"

Susan 的 妈妈 说:"我们 为什么 不去 Elephant Point 呢?"

Dì bā zhāng

Susan gēn tāde māma qù Anchorage de Mukluk's House of
Caribou. Zài Mukluk's House of Caribou, tāmen kàndào yíbù
kāfēisè de chēzi. Chēzi shàng yǒu yìzhī tuólù.

"Mā, nǐ kàn! Nà bù chēzi shàng yǒu tuólù! "

"Chēzi shàng yǒu shénme?"

"Tuólù! Yìzhī tuólù! Tā zuò zài nàbù kāfēisè de chēzi
shàng! Wǒ zài New York méiyǒu kànguò tuólù! Hǎo dà! "

Dànshì māma bùtīng Susan shuō. Tā bùxiǎng kàn tuólù.
"Bob! "

Susan de bàba jiù zài nàr. Tā bú gāoxìng.

Susan de māma shuō: "Nǐ hǎo! Hǎojiùbújiàn! "

Bàba méiyǒu shuōhuà. Susan de māma gēn tā shuō: "Nǐ
zěnme le? Nǐ háihǎo ma?"

Susan gēn tā shuō: "Bàba, nǐ yǒu máfán ma?"

Bàba shuō: "Wǒmen dōu yǒu máfán! Wǒmen méibànfǎ qù
Elephant Point le! "

Susan kànle bàba. "Wǒmen bú qù Elephant Point ma?
Wèishénme? Wǒmen yào qù Elephant Point! Powerball de qián
zài nàr! Wǒmen bú qù Elephant Point, jiù méiyǒu qián le! "

Susan de māma shuō: "Wǒmen wèishénme búqù Elephant

爸爸 不 说话。

Susan 的 妈妈 看了看 爸爸。"车子 怎么 了?"

"那么…我…就是说…"

Susan 的 妈妈 很 生气。"你 说! 车子 怎么 了?"

"车子…没有 了。"

"没有 了? 你 说 车子 没有 了 吗? 车子 怎么 没有 了? 你 不是 开车 来的 吗?"

Susan 的 爸爸 很 不 高兴。"我 九点钟 在 这儿 喝 咖啡 的时候， 一只 驼鹿 就 来了。"

"驼鹿 吗? 你 为什么 说 驼鹿? 你 说 车子 怎么 了， 好吗? 你 为什么 说 驼鹿?"

"因为 驼鹿 坐 在 车子 上。"

Susan 的 妈妈 笑 了。"Bob, 今天 不是 四月 一号! 车子 怎么 了?"

但是 Susan 没有 笑。 她 看到了 他们的 车。她 看到了 大 驼鹿。

爸爸 说: "Brenda, 我 跟你 说过 ， 有 一只 驼鹿。 很大 的 驼鹿。 那只 驼鹿 坐在 我们的 车子 上。"

"一只…驼鹿…在 车子 上?"Susan 的 妈妈 看一看 爸爸。"驼鹿 怎么 坐在 我们的 车子 上? 你 请了 驼鹿 喝 咖啡 吗? 还有 一只 企鹅 请你 看 电影 吗?"她 笑了 很久。

"Brenda。 你 听 我 说， 好吗?"

"我 不想 听 了! 驼鹿 不会 坐 在 车子 上! 你 跟

Point ne?"

Bàba bù shuōhuà.

Susan de māma kànlekàn bàba. "Chēzi zěnme le?"

"Nàme...wǒ...jiùshìshuō..."

Susan de māma hěn shēngqì. "Nǐ shuō! Chēzi zěnme le?"

"Chēzi...méiyǒu le."

"Měiyǒu le? Nǐ shuō chēzi méiyǒu le ma? Chēzi zěnme le? Nǐ búshì kāichē lái de ma?"

Susan de bàba hěn bù gāoxìng. "Wǒ jiǔdiǎnzhōng zài zhèr hē kāfēi deshíhòu, yìzhī tuólù jiù láile."

"Tuólù ma? Nǐ wèishénme shuō tuólù? Nǐ shuō chēzi zěnme le, hǎo ma? Nǐ wèishénme shuō tuólù?"

"Yīnwèi tuólù zuò zài chēzi shàng."

Susan de māma xiàole. "Bob, jīntiān búshì sìyuè yīhào! Chēzi zěnme le?"

Dànshì Susan méiyǒu xiào. Tā kàndàole tāmende chē. Tā kàndàole dà tuólù.

Bàba shuō: "Brenda, wǒ gēnnǐ shuōguò, yǒu yìzhī tuólù. Hěndà de tuólù. Nàzhī tuólù zuòzài wǒmende chēzi shàng."

"Yìzhī...tuólù...zài chēzi shàng?" Susan de māma kànlekàn bàba. "Tuólù zěnme zuòzài wǒmende chēzi shàng? Nǐ qǐngle tuólù hē kāfēi ma? Háiyǒu yìzhī qǐ'é qǐng nǐ kàn diànyǐng mà?"

我 说, 我们 的 车子 在 哪儿! "

Susan 说:"妈, 你 过来 看! "

Susan 的 妈妈 过去。Susan 跟 她 说,"我 跟 妳 说过! 你 看 那部 咖啡色 的 车。 车上 有 驼鹿。 那 部 咖啡色 的 车 就是 我们 的 车子! 我们 的 车子 上 有 驼鹿! 你看! "

Susan 的 妈妈 看了看 车子。 她 不 笑 了。

爸爸 说 ,"你看! 车子 上 有 驼鹿! 我们 没办法 开车 去 Elephant Point 了。 麻烦! "

"我 要 喝 咖啡。 "

- - -

六点 钟, Susan 跟 她 爸爸 妈妈 还 在 Mukluk's House of Caribou。 他们 还 在 想 怎么 去 Elephant Point 的 麻烦。

Susan 说:"我们 坐 飞机 去 Elephant Point, 好吗? 我 在 Alaska 看到 的 飞机 都 很 新。 "

Susan 的 妈妈 说:"去 Elephant Point 的 飞机 都 很 小。 我 不 喜欢 坐 小 飞机。 "

Susan 的 爸爸 说:"Amtrak 去 Elephant Point 吗? 我们 可以 坐 Amtrak 去。 "

Susan 的 妈妈 看了看 她的 ePhone。"那么...Fairbanks 有, 但是 Elephant Point 没有。 Amtrak 不去

Nǐ xiàole hénjiǔ.

"Brenda. Nǐ tīng wǒ shuō, hǎo ma?"

"Wǒ bùxiǎng tīng le! Tuólù búhuì zuò zài chēzi shàng! Nǐ
gēnwǒ shuō: wǒmen de chēzi zài nǎr! "

Susan shuō: "Mā, nǐ guòlái kàn! "

Susan de māma guòqù. Susan gēn tā shuō: "Wǒ gēnnǐ
shuōguò! Nǐkàn nàbù kāfēisè de chē. Chēshàng yǒu tuólù. Nàbù
kāfēise de chē jiùshì wǒmende chēzi! Wǒmen de chēzi shàng
yǒu tuólù. Nǐ kàn! "

Susan de māma kànlekàn chēzi. Tā bú xiào le.

Bàba shuō: "Nǐ kàn! Chēzi shàng yǒu tuólù! Wǒmen
méibànfǎ kāichē qù Elephant Point le. Máfán! "

"Wǒ yào hē kāfēi."

-- -- --

Liùdiǎnzhōng, Susan gēn tāde bàba māma hái zài Muk-
luk's House of Caribou. Tāmen hái zài xiǎng zěnme qù Elephant
Point de máfán.

Susan shuō: "Wǒmen zuò fēijī qù Elephant Point, hǎo
ma? Wǒ zài Alaska kàndào de fēijī dōu hěn xīn."

Susan de māma shuō: "Qù Elephant Point de fēijī dōu
hěn xiǎo. Wǒ bù xǐhuān zuò xiǎo fēijī."

Elephant Point。"

"那么，我们 怎么 去 Elephant Point 呢?"

三个 人 都 很 不 高兴。他们 怎么 去 Elephant Point 呢?

Mukluk's House of Caribou 不大。人 不多。Susan 看了看 在 House of Caribou 的 人。一个 老 人 在 看 Susan。他 很 不好 看。Susan 看 他 的 时 候，他 就 过去 跟 Susan 的 爸爸 说:"听说 你们 要 去 Elephant Point，是不是?"

爸爸 看了看 那个 老人。他 说:"是的。我 姓 Smith。您贵姓?"

老人 跟 Susan 的 爸爸 说，"要去 Elephant Point 的人 不多。"

Susan 的 爸爸 说:"我们 有 麻烦。有 一只 驼 鹿 坐在 我们的 车子 上。"

"是吗?"

"是的。我们 怎么 去 Elephant Point?"

老人 说:"你们 跟 我 来。"

Susan de bàba shuō: "Amtrak qù Elephant Point ma?
Wǒmen kěyǐ zuò Amtrak qù."

Susan de māma kànlekàn tāde ePhone. "Nàme...Fairbanks yǒu, dànshì Elephant Point méiyǒu. Amtrak búqù Elephant Point."

"Nàme, wǒmen zěnme qù Elephant Point ne?"

Sāngè rén dōu hěn bù gāoxìng. Tāmen zěnme qù Elephant Point ne?

Mukluk's House of Caribou búdà. Rén bù duō. Susan kàn zài House of Caribou de rén. Yīgè lǎorén zài kàn Susan. Tā hěn bùhǎo kàn. Susan kàn tā deshíhòu, tā jiù guò qù gēn Susan de bàba shuō, "Tīngshuō nǐmen yàoqù Elephant Point, shìbúshì?"

Bàba kànlekàn nàgè lǎorén. Tā shuō: "Shìde. Wǒ xìng Smith. Nín guì xìng?"

Lǎorén gēn Susan de bàba shuō: "Yàoqù Elephant Point de rén bùduō."

Susan de bàba shuō: "Wǒmen yǒu máfán. Yǒu yìzhī tuólù zuòzài wǒmende chēzi shàng."

"Shì ma?"

"Shìde. Wǒmen zěnme qù Elephant Point?"

Lǎorén shuō: "Nǐmen gēn wǒ lái."

第九章

在 Mukluk's 的 老人

"你们 会 不会 唱歌?"

Susan 看 她的 爸爸 妈妈。 唱歌? 老人 问 他们 会 不会 唱歌? 为什么?

Susan 的 爸爸 跟 老人 说:"唱歌? 你 为什么 问 我们 会 不会 唱歌? 要 去 Elephant Point 的 人 都 要 唱歌 吗?"

老人 笑 了。"不是。 不会 唱歌 的 人 也 可以 去 Elephant Point。 我 问 你们 会 不会 唱歌, 是 因 为 你们 没有 车子 了。"

Susan 的 妈妈 说:"我们 没有 车子 了, 但 是...唱歌?"

老人 说:"你们 看过 "Trapper Tom's Talent Hour》 吗?"

Susan 的 妈妈 说:" 《Trapper Tom's Talent Hour》? 我 很 喜欢! 我们 星期 三 八点钟 都 会 看! 在 New York 的 人 都 看 《Trapper Tom's Talent Hour》! 《Trapper Tom's Talent Hour》 的 唱歌 比 赛 很 好看!"

老人 跟 他们 说:"那么, 你们 会 不会 唱歌?"

Susan 的 妈妈 说:"Susan 会 唱歌, 但是 我们 两个 人 不 太 会 唱歌。"

三个 人 都 看 Susan。

Dì jiǔ zhāng

"Nǐmen huìbúhuì chànggē?"

Susan kàn tāde bàba māma. Chànggē? Lǎorén wèn tāmen huìbúhuì chànggē? Wèishénme?

Susan de bàba gēn lǎorén shuō: "Chànggē? Nǐ wèishénme wèn wǒmen huìbúhuì chànggē? Yào qù Elephant Point de rén dōu yào chánggē ma?"

Lǎorén xiàole. "Búshì. Búhuì chànggē de rén yě kěyǐ qù Elephant Point. Wǒ wèn nǐmen huìbúhuì chànggē, shì yīnwèi nǐmen méiyǒu chēzi le."

Susan de māma shuō: "Wǒmen méiyǒu chēzi le, dànshì...Chànggē?"

Lǎorén shuō: "Nǐmen kànguò 'Trapper Tom's Talent Hour' ma?"

Susan de māma shuō: "Trapper Tom's Talent Hour? Wǒ hěn xǐhuān! Wǒmen xīngqī sān bādiǎnzhōng dōu huì kàn! Zài New York de rén dōu kàn Trapper Tom's Talent Hour! Trapper Tom's Talent Hour de chànggē bǐsài hěn hǎokàn! "

Lǎorén gēn tāmen shuō: "Nàme, nǐmen huìbúhuì chànggē?"

老人 问 她："妳 会 唱 什么 歌?"

Susan 的 妈妈 说："Susan 会 唱 很多 歌! 她 很 会 唱歌。 在 New York, 人人 都 要 Susan 唱歌!"

老人 看了看 Susan。"妳 唱 什么 歌?"

Susan 说:"我 都 唱 中国 歌。 你 喜欢 吗? 你 要 我 唱 中国 歌 吗?"

老人 看了看 她。"我 是 一个 在 Alaska 的 老 人, 我 怎么 喜欢 中国 歌 呢? 我 不会 说 中文! 我 们 不是 说 《Taiwan's Got Talent》! 你 会不会 唱 美国 歌? Trapper Tom 要 你 唱 美国 歌。 看 比 赛 的 人 不要 看 人 唱 中国 歌! 他们 不 喜欢 中国 歌。"

Susan 很 不 高兴。 在 她的 中文 课本 上, 人 人 都 喜欢 中国 歌! 这个 老人 怎么 不 喜欢? 看 《Trapper Tom》 的 人 怎么 不 喜欢?

Susan 的 爸爸 说:"我 会 唱 Elvis 的 歌。 Elvis 的 歌 好不好? 我 很 喜欢 唱 Elvis 的 歌。 我 很 好 看, 所以 我 可以 唱 Elvis 的 歌。"

"你 唱 Elvis 的 歌。 很好。"老人 看了看 Susan。"但是 她 不会 唱 Elvis 的 歌。 你们 三个 人 都 要 唱 美国 歌。 一个 人 唱歌, Trapper Tom 不会 喜欢。"

Susan de māma shuō: "Susan huì chànggē, dànshì wǒmen liǎnggè rén bú tài huì chànggē."

Sāngè rén dōu kàn Susan.

Lǎorén wèn tā: "Nǐ huì chàng shénme gē?"

Susan de māma shuō: "Susan huì chàng hěnduō gē! Tā hěn huì chàng gē. Zài New York, rénrén dōu yào Susan chànggē! "

Lǎorén kànlekàn Susan."Nǐ huì chàng shénme gē?"

Susan shuō: "Wǒ dōu chàng zhōngguó gē. Nǐ xǐhuān ma? Nǐ yào wǒ chàng zhōngguó gē ma?"

Lǎorén kànlekàn tā."Wǒ shì yīgè zài Alaska de lǎorén, wǒ zěnme xǐhuān zhōngguó gè ne? Wǒ búhuì shuō zhōngwén! Wǒmen búshì shuō taiwan's got talent! Nǐ huìbúhuì chàng měiguó gē? Trapper Tom yào nǐ chàng měiguó gē. Kàn bǐsài de rén búyào kàn rén chàng zhōngguó gē! Tāmen bù xǐhuān zhōngguó gē."

Susan hěn bù gāoxìng. Zài tāde zhōngwén kèběn shàng, rén rén dōu xǐhuān zhōngguó gē! Zhègè lǎorén zěnme bù xǐhuān? Kàn Trapper Tom de rén zěnme bù xǐhuān?

Susan de bàba shuō: "Wǒ huì chàng Elvis de gē. Elvis de gē hǎobùhǎo? Wǒ hěn xǐhuān chàng Elvis de gē. Wǒ hěn hǎokàn, suǒyǐ wǒ kěyǐ chàng Elvis de gē."

Susan 很 不 高兴。"那么，我们 不 唱歌 了。"

老人 说："我们 要 想一想。" 三个 人 想了 几 分钟。

老人 说："跳舞 呢? 你们 会 跳舞 吗? Trapper Tom 很 喜欢 会 跳舞 的 人！"

Susan 说，"我 不会。我 爸爸 妈妈 都 会 跳 舞，但是 我 不会。好 麻烦! 我 想 跟 你们 跳舞。Trapper Tom 很 喜欢 会 跳舞 的 人。"

Susan 的 爸爸 说："没办法! Susan 什么 都 不 会。"

Susan 的 妈妈 说："Susan 不是 什么 都 不 会! 她 不会 唱 美国 歌，也 不会 跳舞。但是 她 在 New York 看 电视、上网。她 也 跟 朋友 玩 Weeee。"

老人 跟 Susan 说："你 妈妈 说，你 会 玩 Weeee。"

Susan 跟 他 说："会! 我会!"她 看了看 她 的 爸 爸 妈妈。"但是 我 没有 Weeee。我 都 要 在 朋友 的 家 玩 Weeee。"

老人 说："星期 五 在 Fairbanks 就 有 一个 Weeee 比赛。是 很好 的 比赛。你 可以 赢 很多 钱!"

Susan 的 爸爸 说："很好! Susan 赢了 钱，我

"Nǐ chàng Elvis de gē. Hěn hǎo." Lǎorén kànlekàn
Susan. "Dànshì tā búhuì chàng Elvis de gē. Nǐmen sāngè rén
dōu yào chàng měiguó gē. Yīgè rén chànggē, Trapper Tom
búhuì xǐhuān."

Susan hěn bù gāoxìng. "Nàme, wǒmen bù chànggē
le."

Lǎorén shuō: "Wǒmen yào xiǎngyīxiǎng." Sāngè rén
xiǎngle jǐfēnzhōng.

Lǎorén shuō: "Tiàowǔ ne? Nǐmen huì tiàowǔ ma?
Trapper Tom hěn xǐhuān huì tiàowǔ de rén! "

Susan shuō: "Wǒ búhuì. Wǒ bàba māma dōu huì
tiàowǔ, dànshì wǒ búhuì. Hǎo máfán! Wǒ xiǎng gēn nǐmen
tiàowǔ. Trapper Tom hěn xǐhuān huì tiàowǔ de rén."

Susan de bàba shuō: "Méi bànfǎ! Susan shénme dōu
búhuì."

Susan de māma shuō: "Susan búshì shénme dōu búhuì!
Tā hěn huì chàng měiguó gē, yě búhuì tiàowǔ. Dànshì tā zài
New York kàn diànshì, shàngwang. Tā yě gēn péngyǒu wán
Weeee."

Lǎorén gēn Susan shuō: "Nǐ māma shuō, nǐ huì wán
Weeee."

Susan gēn tā shuō: "Huì! Wǒ huì! " Tā kànlekàn

们 就 可以 去 Elephant Point 了!"

Susan 说:"我 这个 星期 都 没有 玩 Weee。 在 Fairbanks 有没有 Weee? 我 要 玩一玩, 因为 我 星 期 五 要 比赛!"

Susan 的 妈妈 说:"我们 去 看看, 好吗?"

tāde bàba māma. "Dànshì wǒ méiyǒu Weeee. Wǒ dōu yào zài péngyǒu de jiā wán Weeee."

Lǎorén shuō: "Xīngqī wǔ zài Fairbanks jiù yǒu yīgè Weeee bǐsài. Shì hěnhǎo de bǐsài. Nǐ kěyǐ yíng hěnduō qián! "

Susan de bàba shuō: "Hěn hǎo! Susan yíngle qián, wǒmen jiù kěyǐ qù Elephant Point le! "

Susan shuō: "Wǒ zhège xīngqī dōu méiyǒu wán Weeee. Zài Fairbanks yǒu méiyǒu Weeee? Wǒ yào wányīwán, yīnwèi wǒ xīngqī wǔ yào bǐsài! "

Susan de māma shuō: "Wǒmen qù kàn kàn, hǎo ma?"

第十章

比赛很紧张！

星期五，Susan 很 紧张。

她 很 紧张，因为 她 七点钟 就 要 比赛。
Susan 不 喜欢 比赛。 她 在 New York 比赛 的 时
候，都 没有 赢。 但是 她 要 赢! 她 家人 要 去 Ele-
phant Point，因为 他们 的 钱 在 Elephant Point。

她的 妈妈 看了看 她。"Susan，你 还好 吗?"

Susan 跟他 说："还好。"

"要不要 去 House of Caribou?"

"我 不想 去。 我 很 紧张。"

Susan 的 妈妈 说："不要 紧张。 你 喜欢 玩
Weeee。 你 去 玩 Weeee 就 好了。 不要 想 是 比
赛。"

Susan 说："没办法! 虽然 我 喜欢 玩 Weeee，
但是 我 在家 没有 Weeee。 因为 我 在家 没有
Weeee，我 玩得 不多。 因为 我 玩 Weeee 玩得 不
多，我 玩得 不好。"

Susan 的 爸爸 说："你 Weeee 玩得 很好! 还好
比赛 是 玩Weeee 的 比赛。 虽然 我们 在 New York
没有 Weeee，你 玩得 很好。 不要 紧张!"

"几点钟 了?"

"六点 半。"

"那么，我们 过去，好吗? 我 七点 就要 比赛
了。"

Dì shí zhāng

Xīngqī wǔ, Susan hěn jǐnzhāng.

Tā hěn jǐnzhāng, yīnwèi tā qīdiǎnzhōng jiù yào bǐsài.

Susan bù xǐhuān bǐsài. Tā zài New York bǐsài deshíhòu, dōu méiyǒu yíng. Dànshì tā yào yíng! Tā jiārén yào qù Elephant Point, yīnwèi tāmen de qián zài Elephant Point.

Tā de māma kànlekàn tā. "Susan, nǐ háihǎo ma?"

Susan gēn tā shuō: "Háihǎo."

"Yàobúyào qù House of Caribou?"

"Wǒ bù xiǎng qù. Wǒ hěn jǐnzhāng."

Susan de māma shuō: "Búyào jǐnzhāng. Nǐ xǐhuān wán Weeee. Nǐ qù wán Weeee jiu hǎole. Búyào xiǎng shì bǐsài."

Susan shuō: "Méibànfǎ! Suīrán wǒ xǐhuān wán Weeee, dànshì wǒ zàijiā méiyǒu Weeee. Yīnwèi wǒ zàijiā méiyǒu Weeee, wǒ wánde bùduō. Yīnwèi wǒ wán Weeee wándé bùduō, wǒ wánde bùhǎo."

Susan de bàba shuō: "Nǐ Weeee wándé hěnhǎo! Háihǎo bǐsài shì wán Weeee de bǐsài. Suīrán wǒmen zài New York méiyǒu Weeee, nǐ wándé hěnhǎo. Búyào jǐnzhāng! "

"Jǐ diǎnzhōng le?"

"Liùdiǎn bàn."

"Nàme, wǒmen guò qù, hǎo ma? Wǒ qīdiǎn jiùyào bǐsài

Weeee 的 比赛 在 AlaskaDome。 AlaskaDome 很大。 人 很 多。 有 的 人 去 AlaskaDome 比赛。 有 的 人 去 AlaskaDome 看 比赛。 要 比赛 的 人 都 很 紧张。

Susan 看 了 看 在 AlaskaDome 的 人。 Freddy Fitzsimmons 也 在 AlaskaDome。 Susan 的 妈妈 看 到 了 Freddy 的 时候, 就 说: "你们 看!

Freddy Fitzsimmons 在 Alaska! 他 那么 好看! 他 怎么 在 Alaska 呢?"

Susan 的 爸爸 说: "Brenda, 你 不要 说 Freddy Fitzsimmons 了,好吗? 我们 只要 想 Weeee。 Susan 要 比赛。"

一个 很 好看 的 人 跟 大家 说: "要 比赛 的 人, 请 过来!"

Susan 说: "我 要 过去 比赛 了。"

Susan 的 妈妈 说: "加油! 加油! 你 紧张 吗?"

Susan 的 爸爸 说: "加油! 我们 要 去 Elephant Point!"

Susan 说: "好, 好, 但是 我 没有 练习。 我 要 赢, 但是 我 很 紧张, 因为 我 没有 练习。"

Susan 的 妈妈 说: "没关系! 没关系! 你 快 过 去!"

le."

Weeee de bǐsài zài AlaskaDome. AlaskaDome hěn dà.
Rén hěnduō. Yǒude rén qù AlaskaDome bǐsài. Yǒude rén qù
AlaskaDome kàn bǐsài. Yào bǐsài de rén dōu hěn jǐnzhāng.

Susan kànlekàn zài AlaskaDome de rén. Freddy Fitzsim-
mons yě zài AlaskaDome. Susan de māma kàndàole Freddy
deshíhòu, jiù shuō: "Nǐmen kàn! Freddy Fitzsimmons zài
Alaska! Tā nàme hǎokàn! Tā zěnme zài Alaska ne?"

Susan de bàba shuō: "Brenda, nǐ búyào shuō Freddy
Fitzsimmons le, hǎo ma? Wǒmen zhǐ yào xiǎng Weeee.
Susan yào bǐsài."

Yīgè hěn hǎokàn de rén gēn dàjiā shuō: "Yào bǐsài de
rén, qǐng guòlái! "

Susan shuō: "Wǒ yào guòqù bǐsài."

Susan de māma shuō: "Jiāyóu! Jiāyóu! Nǐ jǐnzhāng
ma?"

Susan de bàba shuō: "Jiāyóu! Wǒmen yào qù Elephant
Point! "

Susan shuō: "Hǎo, hǎo, dànshì wǒ méiyǒu liànxí. Wǒ
yào yíng, dànshì wǒ hěn jǐnzhāng, yīnwèi wǒ méiyǒu liànxí."

Susan de māma shuō: "Méiguānxi! Méiguānxi! Nǐ kuài
guòqù! "

Hǎokàn de rén gēn yào bǐsài de rén shuō: "Wǒ xìng wáng.

好看 的 人 跟 要 比赛 的 人 说："我 姓 王。人人 都 叫 我 'Weeee 王' 因为 我 玩 Weeee 玩 得 很 好。你们 要 比赛。这个 比赛 会 很大。有 五十 个 人 要 比赛，但是 只有 一个 人 会 赢! 谁 要 赢?"

大家 都 叫："我 要 赢!"

Weeee 王 说："我们 看看，谁 玩 得 好! 今天 第一 个 比赛 是 跳舞 的 比赛。"

跳舞 比赛? Susan 不 高兴。她 很 紧张。她 跳 舞 跳 得 不好。她 看一看 在 比赛 的 人。他们 都 跳舞 跳 得 很好。Susan 没有 赢。

Susan 的 妈妈 叫："没关系! 还有 两个 比赛!"

Susan 的 爸爸 很 不 高兴。他 叫："加油! 加 油! 我们 要 去 Elephant Point!"

Susan 的 妈妈 跟 爸爸 说："说 '加油' 就 好了!"

第二 个 比赛 是 唱歌 的 比赛。Susan 不 高 兴，因为 她 不会 唱 美国 歌。她 只会 唱 中国 歌。老人 跟 她 说过，没有 人 喜欢 听 中国 歌! 但 是，没办法!

Weeee 王 说："唱歌 的 比赛 叫 'Karaoke Kombat'。但是 因为 今天 是 比赛，你们 不要 唱 美国 歌。你们 要 唱 中国 歌!"

Susan 很 高兴! 她 很 会 唱 中国 歌!

Rénrén dōu jiàowǒ "Weeee wáng" yīnwèi wǒ wán Weeee
wándé hěn hǎo. Nǐmen yào bǐsài. Zhègè bǐsài huì hěndà. Yǒu
wǔshígè rén yào bǐsài, dànshì zhǐyǒu yīgèrén huì yíng! Shéi
yào yíng?"

Dàjiā dōu jiào: "Wǒ yào yíng! "

Weeee wáng shuō: "Wǒmen kàn kàn, shéi wándé hǎo!
Jīntiān dìyī gè bǐsài shì tiàowǔ de bǐsài."

Tiàowǔ bísài? Susan bù gāoxìng. Tā hěn jǐnzhāng. Tā
tiàowǔ tiàodé bùhǎo. Tā kànle zài bǐsài de rén. Tāmen dōu
tiàowǔ tiàodé hěnhǎo. Susan méiyǒu yíng.

Susan de māma jiào: "Méiguānxi! Háiyǒu liǎnggè bǐsài!
"

Susan de bàba hěn bù gāoxìng. Tā jiào: "Jiāyóu! Jiāyóu!
Wǒmen yào qù Elephant Point! "

Susan de māma gēn bàba shuō: "Shuō 'jiāyóu' jiù hǎole!
"

Dièrgè bǐsài shì chànggē de bǐsài. Susan bù gāoxìng,
yīnwèi tā búhuì chàng měiguó gē. Tā zhǐhuì chàng zhōngguó
gē. Lǎorén gēn tā shuōguò, méiyǒu rén xǐhuān tīng zhōngguó
gē! Dànshì, méibànfǎ!

Weeee wáng shuō: "Chànggē de bǐsài jiào karaoke
kombat. Dànshì yīnwèi jīntiān shì bǐsài, nǐmen búhuì chàng
měiguó gē. Nǐmen yào chàng zhōngguó gē! "

"唱歌 比赛， Susan Smith 赢了!" *Susan won*

第三个比赛， 只有 Susan 跟 赢了 第一个比赛 的 人。

Weeee 王 说："一 比 一 了!"

Susan hěn gāoxìng! Tā hěnhuì chàng zhōngguó gē!

"Chànggē bǐsài, Susan Smith yíngle! "

Dìsān gè bǐsài, zhǐyǒu Susan gēn yíngle dìyīgè bǐsài de

rén.

Weeee wáng shuō: "Yī bǐ yī le! "

第十一章

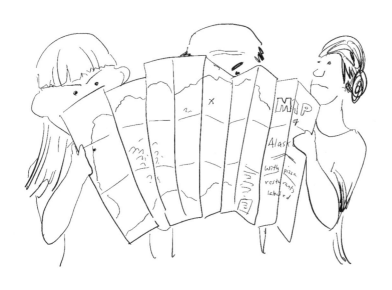

我们要去那儿?

大家 都 叫:"加油! 加油!"

Susan 问:"第三 个 比赛 是 什么 比赛? 是 不是 'Rock Band'?"

赢了 第一个 比赛 的 人 说:" 《Rock Band》 很好。 我 是 《Rock Band》 的 高手! 我 是 吉他 高手! 太好了!"

Weeee 王 说:"不是 《Rock Band》。 是 《Orchestra Battle》!"

《Orchestra Battle》? Susan 没有 听过 《Orchestra Battle》。

赢了 第一个 比赛 的 人 很 不高兴。 他 说:" 《Orchestra Battle》 是 什么? 我 没有 听过! 我 没有 玩 过!"

Weeee 王 说:"是 新的。 没有 人 玩过!"

两个 人 玩 《Orchestra Battle》 玩了 三个 小时。 Susan 不 紧张 了。 她 玩得 很好。 《William Tell Overture》 她 得了 五百 分。 《Beethoven's Fifth》 她 得了 六百三十 分。

但是 赢了 第一个 比赛 的 人 玩得 比 Susan 好! 他 《William Tell Overture》 得了 五百 零 六 分。 《Beethoven's Fifth》 他 得了 六百 四十二 分。

Susan 很 不高兴。 《William Tell Overture》 她 没有 赢。 她 只 得了 五百分。 《Beethoven's

Dì shíyī zhāng

Dàjiā dōu jiào: "Jiāyóu! Jiāyóu! "

Susan wèn: "Dìsāngè bǐsài shì shénme bǐsài? Shìbúshì Rock Band? "

Yíngle dìyīgè bǐsài de rén shuō: "Rock Band hěn hǎo. Wǒ shì Rock Band de gāoshǒu! Wǒ shì jítā gāoshǒu! Tài hǎo le! "

Weeee wáng shuō: "Búshì Rock Band. Shì Orchestra Battle! "

Orchestra Battle? Susan méiyǒu tīngguò Orchestra Battle.

Yíngle dìyīgè bǐsài de rén hěn bù gāoxìng. Tā shuō: "Orchestra Battle shì shénme? Wǒ méiyǒu tīngguò! Wǒ méiyǒu wánguò! "

Weeee wáng shuō: "Shì xīnde. Méiyǒu rén wánguò! "

Liǎnggè rén wán Orchestra Battle wánle sāngè xiǎoshí. Susan bù jǐnzhāng le. Tā wándé hěnhǎo. William Tell Overture tā déle wǔbǎifēn. Beethoven's Fifth tā déle liùbǎisānshí fēn.

Dànshì yíngle dìyīgè bǐsài de rén wándé bǐ Susan hǎo! Tā "William Tell Overture" déle wǔbǎi líng liù fēn. "Beethoven's Fifth" tā déle liùbǎisìshí'èr fēn.

Fifth》她也没有赢。虽然她玩得很好，但是赢了第一个比赛的人玩得比她好! 没办法!

"第一名是…您贵姓?"

"我姓 Iwata。我叫 Iwata Satoru。"

"因为你是第一名，我很高兴给你一辆新车!"

Susan 很不高兴。她是第二名。他们不会给第二名一部新车! 她的家人要去 Elephant Point。他们要一部车!

"第二名是…小姐，您贵姓?"

"我姓 Smith。我叫 Susan Smith。"

"Susan，你玩得很好。我们很高兴给你这个狗橇!"

狗橇? 狗橇是什么?

"请问，这是什么?"

"是狗橇。很好坐! 你有没有狗?"

"没有。你不可以给我一部车吗?"

"不可以。你是第二名。第一名有车。第二名有狗橇。"

Susan 看她的爸爸妈妈。她在 Mukluk's House of Caribou 看过的老人跟他们说话。她爸爸很高兴。

Susan 说，"谢谢! 我很高兴有狗橇。"

Susan bù gāoxìng. William Tell Overture tā méiyǒu yíng.

Tā zhǐ déle wǔbǎifēn. Beethoven's Fifth tā yě méiyǒu yíng.

Suīrán tā wándé hěnhǎo, dànshì yíngle dìyīgè bǐsài de rén

wándé bǐ tā hǎo! Méibànfǎ!

"Dìyīmíng shì...Nín guìxìng?"

"Wǒ xìng Iwata. Wǒ jiào Iwata Satoru."

"Yīnwèi nǐ shì dìyīmíng, wǒ hěn gāoxìng gěinǐ yīliàng

xīn chē! "

Susan hěn bù gāoxìng. Tā shì dìèrmíng. Tāmen búhuì gěi

dì'èrmíng yībù xīn chē! Tāde jiārén yào qù Elephant Point.

Tāmen yào yībù chē!

"Dìyīmíng shì...Xiǎojiě, nín guì xìng?"

"Wǒ xìng Smith. Wǒ jiào Susan Smith."

"Susan, nǐ wándé hěnhǎo. Wǒmen hěn gāoxìng gěi nǐ

zhègè gǒuqiāo! "

Gǒuqiāo? Gǒuqiāo shì shénme?

"Qǐngwèn, zhè shì shénme?"

"Shì gǒuqiāo. Hěnhǎo zuò! Nǐ yǒuméiyǒu gǒu?"

"Méiyǒu. Nǐ bù kěyǐ gěi wǒ yībù chē ma?"

"Bù kěyǐ. Nǐ shì dìèrmíng. Dìyīmíng yǒu chē. Dìèrmíng

yǒu gǒuqiāo."

Susan kàn tāde bàba māma. Tā zài Mukluk's House

"你们 要 坐 狗橇 去 哪里?你们 要 去 Disneyland 吗?"

"我们 要 去 Elephant Point。"

Susan 的 爸爸 很 高兴。 他 很 喜欢 狗橇。 他 说:"我们 有 狗橇 了! 我们 可以 去 Elephant Point 了!"

Susan 问 他:"爸爸， 你 会 不会 拉 狗橇?"

Susan 的 爸爸 说:"我 没有 拉过， 但是 拉 狗橇 不会 很难。 我 喜欢 狗。 狗 喜欢 我。"

但是 Susan 的 妈妈 不 高兴。"Bob， 有 狗橇 很 好。 但是 谁 要 拉 狗橇 去 Elephant Point? 你 要 拉 吗?"

Susan 的 爸爸 说:"我 拉。"

"你 怎么 拉 狗橇 ?"

"我 怎么 拉? 拉 狗橇 不 难。"

"不是 难 不难 的 问题。 问题 是， 我们 没有 狗。 人 不 拉 狗橇。 是 狗 拉 狗橇。"

Susan 的 爸爸 说:" 我们 说 人"拉》 狗橇。 人"开》 车， 但是 人"拉》 狗橇。"

"好了， 好了! 你 可以 拉 狗橇， 但是 我们 没 有 狗。 你 会 拉 狗橇， 但是 你 不会"拉》 狗橇 到 Elephant Point。"

"那么， 在 哪里 有 狗?"

of Caribou kànguò de lǎorén gēn tāmen shuōhuà. Tā bàba hěn
gāoxìng.

Susan shuō: "Xièxiè! Wǒ hěn gāoxìng yǒu gǒuqiāo."

"Nǐmen yào zuò gǒuqiāo qù nǎlǐ? Nǐmen yào qù Disneyland
ma?

"Wǒmen yào qù Elephant Point."

-- -- --

Susan de bàba hěn gāoxìng. Tā hěn xǐhuān gǒuqiāo. Tā
shuō: "Wǒmen yǒu gǒuqiāo le! Wǒmen kěyǐ qù Elephant Point le!
"

Susan wèn tā: "Bàba, nǐ huìbúhuì lā gǒuqiāo?"

Susan de bàba shuō: "Wǒ méiyǒu lāguò, dànshì lā gǒuqiāo
búhuì hěnnán. Wǒ xǐhuān gǒu. Gǒu xǐhuān wǒ."

Dànshì Susan de māma bù gāoxìng. "Bob, yǒu gǒuqiāo yě
hǎo. Dànshì shéi yào lā gǒuqiāo qù Elephant Point? Nǐ yào lā ma?"

Susan de bàba shuō: "Wǒ lā."

"Nǐ zěnme lā gǒuqiāo?"

"Wǒ zěnme lā? Lā gǒuqiāo bù nán."

"Búshì nánbùnán de wèntí. Wèntí shì, wǒmen méiyǒu gǒu. Rén
bù lā gǒuqiāo. Shì gǒu lā gǒuqiāo."

Susan de bàba shuō: "Wǒmen shuō rén 'lā' gǒuqiāo. Rén
'kāi' chē, dànshì rén 'lā' gǒuqiāo."

"Hǎole, hǎole! Nǐ kěyǐ lā gǒuqiāo, dànshì wǒmen méiyǒu gǒu.
Nǐ huì lā gǒuqiāo, dànshì nǐ búhuì 'lā' gǒuqiāo dào Elephant Point."

"Nàme, zài nǎlǐ yǒu gǒu?"

第十二章

在哪儿 有 狗?

汪汪汪! 汪汪汪!

第二天, Susan 跟 她的 家人 在 Alaska State Animal Shelter。 他们 要 去 Alaska State Animal Shelter 因为 他们 没有 钱 买 狗。 在 Alaska State Animal Shelter 的 汪汪汪 声 很大。

"声音 很大! 狗 很多 吧!"

但是 在 Alaska State Animal Shelter 狗 不多。 猫 很多。 有 三百四十七 只 猫。 还有 很多 豚鼠。 但是 狗 不多。 虽然 汪汪汪 的 声音 很大, 但是 狗 不多。

"豚鼠 怎么 那么 多? 在 Alaska 的 人 是不是 很 喜欢 豚鼠?" Susan 的 妈妈 不 喜欢 豚鼠。 Susan 六 岁 的 时候, 她 就 要 一只 豚鼠。 过 六岁 的 生 日、过 七岁 的 生日、过 八岁 的 生日, 她 都 跟 爸爸 妈妈 要了 豚鼠。 但是 因为 妈妈 不 喜欢 豚 鼠, Susan 没有 豚鼠。 讨厌!

汪汪汪!

"你 说 什么? 我 听 不见!"

Susan 跟 妈妈 说: "豚鼠! 豚鼠 很 多!"

一个 男人 跟 他们 说: "对了! 我们 的 豚鼠 很多! 你们 要不要? 我们 有 小 豚鼠, 也 有 大 豚

Dì shíèr zhāng

Wāngwāngwāng! Wāngwāngwāng!

Dièrtiān, Susan gēn tāde jiārén zài Alaska State Animal Shelter. Tāmen yào qù Alaska State Animal Shelter yīnwèi tāmen méiyǒu qián mǎi gǒu. Zài Alaska State Animal Shelter de wāngwāngwāng shēng hěndà.

"Shēngyīn hěndà! Gǒu hěn duō ba!"

Dànshì zài Alaska State Animal Shelter gǒu bùduō. Māo hěnduō. Yǒu sānbǎisìshíqī zhī māo. Háiyǒu hěnduō túnshǔ. Dànshì gǒu bùduō. Suīrán wāngwāngwāng de shēngyīn hěndà, dànshì gǒu bùduō.

"Túnshǔ zěnme nàme duō? Zài Alaska derén shìbúshì hěn xǐhuān túnshǔ?" Susan de māma bù xǐhuān túnshǔ. Susan liùsuì deshíhòu, tā jiù yào yīzhī túnshǔ. Guò liùsuì de shēngrì, guò qīsuì de shēngrì, guò bāsuì de shēngrì, tā dōu gēn bàba māma yàole túnshǔ. Dànshì yīnwèi māma bù xǐhuān túnshǔ, Susan méiyǒu túnshǔ. Tǎoyàn!

Wāngwāngwāng!

"Nǐ shuō shénme? Wǒ tīngbújiàn!"

Susan gēn māma shuō: "Túnshǔ! Túnshǔ hěnduō!"

Yìgē nánrén gēn tāmen shuō: "Duì le! Wǒmen de túnshǔ

鼠。 你们 要 什么 样 的 豚鼠?"

　　Susan 的 妈妈 说: "豚鼠? 豚鼠 我 很 讨厌。 不要 说 豚鼠 了, 好吗?"

　　"你 讨厌 的 豚鼠 比 Alaska 的 豚鼠 难看。 你 讨厌 的 豚鼠 比 Alaska 的 豚鼠 笨! Alaska 的 豚鼠 都 好看, 也 不笨! 来! 你们 喜欢 哪 一只 豚鼠? 还 是 你们 要 四五 只 呢?"

　　Susan 的 爸爸 说: "我 想, 豚鼠 太小 了。 我 们 要 狗。 大狗。 我们 有 狗橇。 没有 豚鼠橇!"

　　"但是 我们 的 豚鼠 不小。 他们 都 很 大--"

　　"好了, 好了。 我们 看 狗, 好不好?"

　　虽然 声音 很大, 但是 在 Alaska State Animal Shelter 的 狗 都 不大。 Susan 跟 那个 男人 说: "请 问, 大狗 在 哪里?"

　　"大狗? 我们 没有 大狗。"

　　Susan 的 爸爸 说: "我们 要 几只 大狗。 我们 有 狗橇。 我们 要 拉 狗橇 去 Elephant Point。 但是 我们 没有 狗。"

　　"对了! 你 就是 Weeee 比赛 的 人! 你 Weeee 玩 得 很好! 我 看了 你的 比赛!"

　　"谢谢。 但是, 你 有没有 拉 狗橇 的 狗?"

　　Alaska Shelter 的 人 跟 Susan 说: "有! 有! 你 们 过来 看看 吧!"

hěnduō! Nǐmen yàobúyào? Wǒmen yǒu xiǎo túnshǔ, yě yǒu dà túnshǔ. Nǐmen yào shénme yàng de túnshǔ?"

Susan de māma shuō: "Túnshǔ? Túnshǔ wǒ hěn tǎoyàn. Búyào shuō túnshǔ le, hǎo ma?"

"Nǐ tǎoyàn de túnshǔ bǐ Alaska de túnshú nánkàn. Nǐ tǎoyàn de túnshǔ bǐ Alaska de túnshú bèn! Alaska de túnshǔ dōu hǎokàn, yě búbèn! Lái! Nǐmen xǐhuān nǎ yīzhī túnshǔ? Háishì nǐmen yào sìwǔ zhī ne?"

Susan de bàba shuō: "Wǒ xiǎng, túnshǔ tàixiǎo le. Wǒmen yào gǒu. Dà gǒu. Wǒmen yǒu gǒuqiāo. Méiyǒu túnshǔqiāo!"

"Dànshì wǒmen de túnshǔ bù xiǎo. Tāmen dōu hěn dà –"

"Hǎole, hǎole. Wǒmen kàn gǒu, hǎo bùhǎo?"

Suīrán shēngyīn hěndà, dànshì zài Alaska State Animal Shelter de gǒu dōu búdà. Susan gēn nàgè nánrén shuō: "Qǐngwèn, dà gǒu zài nǎlǐ?"

"Dà gǒu? Wǒmen méiyǒu dà gǒu."

Susan de bàba shuō: "Wǒmen yào jǐ zhī dà gǒu. Wǒmen yǒu gǒuqiāo. Wǒmen yào lā gǒuqiāo qù Elephant Point. Dànshì wǒmen méiyǒu gǒu."

"Duì le! Nǐ jiùshì Weeee bǐsài de rén! Nǐ Weeee wándé hěnhǎo! Wǒ kànle nǐde bǐsài!"

Susan 跟 她的 爸爸 妈妈 过去 了。

"你们 看! 六 只 狗。 他们 都 很好。 有 一只 狗 很大， 但是 还有 五只 不大。 但是 小狗 很好。 虽然 他们 不大， 但是 也 不笨。 大狗 比 小狗 笨。 小狗 也 很 好看! 他们 比 大狗 好看 多了!"

Susan 看 那 六 只 狗。 一只 是 拉布拉多。 两 只 是 腊肠狗。 一只 是 米格鲁。 还有 两 只 吉娃 娃。 它们 怎么 拉 狗橇 呢?

Susan 的 爸爸 很 生气。"小 狗! 都是 小狗! 他 们 怎么 拉 狗橇 呢?"

Alaska Shelter 的 人 说:"他们 怎么 拉 呢? 他 们 拉 狗橇 拉得 很 好。 他们 拉得 比 大狗 好。 因 为 他们 小， 吃的 东西 也 很少!"

Susan 的 爸爸 说:"他们 太 小 了。 他们 没办 法 拉 狗橇。"

"你的 狗橇 在 哪儿? 来， 我们 看看 他们 会 不 会 拉 狗橇!"

十五 分钟 以后， Susan 跟 她的 爸爸 妈妈 就 买了 六只 狗 了。

"我们 明天 就 去 Elephant Point 了!"

"Xièxiè. Dànshì, nǐ yǒuméiyǒu lā gǒuqiāo de gǒu?"

Alaska Shelter de rén gēn Susan shuō: "Yǒu! Yǒu! Nǐmen guòlái kànkàn ba! "

Susan gēn tāde bàba māma guòqù le.

"Nǐmen kàn! Liù zhī gǒu. Tāmen dōu hěn hǎo. Yǒu yīzhī gǒu hěndà, dànshì háiyǒu wǔzhī búdà. Dànshi xiǎogǒu hěnhǎo. Suīrán tāmen búdà, dànshì yě búbèn. Dàgǒu bǐ xiǎogǒu bèn. Xiǎogǒu yě hěnhǎo! Tāmen bǐ dàgǒu hǎokàn duōle! "

Susan kàn nà liù zhī gǒu. Yīzhī shì lābùlāduō. Liǎngzhī shì làchánggǒu. Yīzhī shì mǐgélǔ. Háiyǒu liǎng zhī jīwāwā. Tāmen zěnme lā gǒuqiāo ne?

Susan de bàba hěn shēngqì. "Xiǎo gǒu! Dōu shì xiǎogǒu! Tāmen zěnme lā gǒuqiāo ne?"

Alaska Shelter de rén shuō: "Tāmen zěnme lā gǒuqiāo ne? Tāmen lā gǒuqiāo lādé hěn hǎo. Tāmen lādé bǐ dàgǒu hǎo. Yīnwèi tāmen xiǎo, chīde dōngxī yě hěnshǎo! "

Susan de bàba shuō: "Tāmen tài xiǎo le. Tāmen méibànfǎ lā gǒuqiāo."

"Nǐde gǒuqiāo zài nǎr? Lái, wǒmen kànkàn tāmen huì búhuì lā gǒuqiāo! "

Shíwǔ fēnzhōng yǐhòu, Susan gēn tāde bàba māma jiù yǒu liù zhī gǒu le.

"Wǒmen míngtiān jiù kěyǐ qù Elephant Point le! "

第十三章

到了！

"快 一点!"

Susan 的 爸爸 很 生气。 他 很 生气, 因为 六 只 狗 跑得 很 慢。

六 只 狗 都 看 Susan 的 爸爸。 他们 都 摇尾 巴。 但是 他们 没办法 跑得 快 一点。

"你们 看! 我 在 Alaska Shelter 就 说了, 这 些 狗 没办法 拉 狗橇。 不是 吗? 我 说了! 但是 你们 都 不 听!"

Susan 的 妈妈 说, "你 不要 生气, 好不好? 那 六 只 狗 都 很 可爱。 你 看, 他们 都 在 摇尾巴。 很 可爱 吧!"

Susan 说, "对了, 他们 很 可爱。"

Susan 的 爸爸 不 高兴。"我们 要 很快 到 Ele-phant Point。 如果 我们 今天 到 Elephant Point, 我们 就 有 很多 钱 了。 但是 如果 我们 不是 今天 到的, Powerball 的 钱 就 没有 了!"

Susan 看 她的 爸爸 妈妈。 Freddy Fitzsimmons 说, 他们 六 月 22 号 要 拿 PowerBall 的 钱。 "今天 是 六月 22 号 吗?"

"是的。 我们 今天 就 要 到。"

"现在 几点钟 了?"

"快 七 点。 我们 还有 五个 钟头。"

Susan 想了 很久。

Dì shísān zhāng

"Kuài yīdiǎn! "

Susan de bàba hěn shēngqì. Tā hěn shēngqì, yīnwèi liù
zhī gǒu pǎodé hěn màn.

Liù zhī gǒu dōu kàn Susan de bàba. Tāmen dōu yáowěiba.
Dànshì tāmen méibànfǎ pǎodé kuài yīdiǎn.

"Nǐmen kàn! Wǒ zài Alaska Shelter jiù shuōle, zhè xiē
gǒu méibànfǎ lā gǒuqiāo. Búshì ma? Wǒ shuōle! Dànshì
nǐmen dōu bú tīng! "

Susan de māma shuō: "Nǐ búyào shēngqì, hǎo bùhǎo? Nà
liù zhī gǒu dōu hěn kě'ài. Nǐ kàn, tāmen dōu zài yáowěiba.
Hěn kě'ài ba! "

Susan shuō: "Duì le, tāmen hěn kě'ài."

Susan de bàba bù gāoxìng. "Wǒmen yào hěnkuài dào
Elephant Point. Rúguǒ wǒmen jīntiān dào Elephant Point,
wǒmen jiù yǒu hěnduō qián le. Dànshì rúguǒ wǒmen búshì
jīntiān dàode, Powerball de qián méiyǒu le! "

Susan kàn tāde bàba māma. Freddy Fitzsimmons shuō:
tāmen liù yuè èrshí'èr hào yào ná Powerball de qián. "Jīntiān
shì liùyuè èrshí'èr hào ma?"

"Shìde. Wǒmen jīntiān jiù yào dào."

"我 跟 小狗 一起 拉 狗橇，怎么样?"

Susan 的 爸爸 说，"好! 快 去 跟 他们 一起 拉 吧!"

Susan 跑到 狗 的 前面。她 跟 小狗 跑了 五分 钟。但是 小狗 还是 跑得 很慢。

"妈妈，你 也 来 跟 我 一起 拉，好不好?"

Susan 的 妈妈 不是 很 高兴，但是 她 也 跑过 去 跟 Susan 一起 拉 狗橇。她们 跟 小狗 拉了 十五 分钟，但是 小狗 还是 跑得 很慢。

"你们 要 快 一点，好吗?"

Susan 的 妈妈 生气。"你 坐 在 狗橇 上，跟 我 们 说 要 跑得 快 一点 吗? 你 …你…我们…"

Susan 跟 爸爸 说，"爸爸，如果 我们 今天 要 到 Elephant Point，你 也 要 过来 跟 我们 拉 狗 橇。"

爸爸 说:"拉 狗橇? 狗橇 我 不拉! 我 是 人。 我 不是 狗。"

Susan 的 妈妈 跟 他 说:"你 看 我们 是 狗 吗? 快 一点! 你 过来 拉 狗橇!"

Susan 跟 他 妈妈 爸爸 都 在 拉 狗橇。他们 拉 了 三十 分钟。但是 小狗 还是 跑得 很 慢。

Susan 想了 很久。为什么 小狗 跑得 慢?

"Xiànzài jǐ diǎnzhōng le?"

"Kuài qī diǎn. Wǒmen háiyǒu wǔge zhongtóu."

Susan xiǎngle hěnjiǔ.

"Wǒ gēn xiǎogǒu yīqǐ lā gǒuqiāo, zěnmeyàng?"

Susan de bàba shuō: "Hǎo! Kuài qù gēn tāmen yīqǐ lā

ba! "

Susan pǎo dào gǒu de qiánmiàn. Tā gēn xiǎogǒu pǎole

wǔfēn zhōng. Dànshì xiǎogǒu háishì pǎodé hěnmàn.

"Māma, nǐ yě lái gēn wǒ yīqǐ lā, hǎo bùhǎo?"

Susan de māma búshì hěn gāoxìng, dànshì tā yě pǎo

guòqù, gēn Susan yīqǐ lā gǒuqiāo. Tāmen gēn xiǎogǒu lāle

wǔfēn zhōng, dànshì xiǎogǒu háishì pǎodé hěnmàn.

"Nǐmen yào kuài yīdiǎn, hǎo ma?"

Susan de māma shēngqì. "Nǐ zuò zài gǒuqiāo shàng, gēn

wǒmen shuō yào pǎodé kuài yīdiǎn ma? Nǐ...nǐ...wǒmen..."

Susan gēn bàba shuō: "Bàba, rúguǒ wǒmen jīntiān

yào dào Elephant Point, nǐ yě yào guòlái gēn wǒmen lā

gǒuqiāo."

Bàba shuō: "Lā gǒuqiāo? Gǒuqiāo wǒ bù lā! Wǒ shì

rén. Wǒ búshì gǒu."

Susan de māma gēn tā shuō: "Nǐ kàn wǒmen shì gǒu ma?

Kuài yīdiǎn! Nǐ guòlái lā gǒuqiāo! "

Susan gēn tā māma bàba dōu zài lā gǒuqiāo. Tāmen lāle

"是 他们 的 腿! 他们 的 腿 不 长!"

爸爸 妈妈 看 Susan。 小狗 都 在 摇 尾巴。

"狗 的 腿 很 短, 但是 我们 的 腿 长。 我们 跑 得 比 狗 快, 但是 因为 狗 也 在 跑, 所以 我们 都 跑得 很 慢。"

"你 是 说..."

"对! 我们 拉 狗橇。 狗狗 坐 在 狗橇 上。 他们 跑得 很 慢, 但是 我们 跑得 快!"

五 分 钟 以后, 六 只 狗 都 坐 在 狗橇 上。 三 个 人 拉 狗橇。 现在 他们 跑得 很 快。

"很好! 我们 快 到 了!"

前面 有 一个 小 黑点。 十分 钟 以后, 黑点 大了。 二十 分 钟 以后, 三 个 人 跟 六 只 狗 就 到 了 Elephant Point。

"请问 PowerBall 在 哪儿?"

一个 男人 说, "就 在 这儿。"

Susan 看了看 那个 人。 就是 Freddy Fitzsimmons。 Susan 很 高兴。 但是 Freddy 不 高兴。

"Fitzsimmons 先生, 你 怎么 了?"六 只 狗 跟 三 个 人 都 在 看 Freddy。

Freddy Fitzsimmons 摇 了 头。"不好意思。 十 二 点 过 了。 你们 不是 六月 22 号 到 的。"

sānshí fēn zhōng. Dànshì xiǎogǒu háishì pǎodé hěn màn.

Susan xiǎngle hěnjiǔ. Wèishénme xiǎogǒu pǎodé màn?

"Shì tāmen de tuǐ! Tāmen de tuǐ bù cháng! "

Bàba māma kàn Susan. Xiǎogǒu dōu zài yáo wěiba.

"Gǒu de tuǐ hěn duǎn, dànshì wǒmen de tuǐ cháng.
Wǒmen pǎodé bǐ gǒu kuài, dànshì yīnwèi gǒu yě zài pǎo,
suǒyǐ wǒmen dōu pǎodé màn."

"Nǐ shì shuō..."

"Duì! Wǒmen lā gǒuqiāo. Gǒugǒu zuò zài gǒuqiāo
shàng. Tāmen pǎodé hěn màn, dànshì wǒmen pǎodé kuài! "

Wǔfēn zhōng yǐhòu, liù zhī gǒu dōu zuò zài gǒuqiāo
shàng. Sāngè rén lā gǒuqiāo. Xiànzài tāmen pǎodé hěn kuài.

"Hěn hǎo! Wǒmen kuài dào le! "

Qiánmiàn yǒu yīgè xiǎo hēi diǎn. Shífēn zhōng yǐhòu, hēi
diǎn dàle. Èrshí fēn zhōng yǐhòu, sān gè rén gēn liù zhī gǒu
jiù dàole Elephant Point.

"Qǐngwèn Powerball zài nǎr?"

Yīgè nánrén shuō: "Jiù zài zhèr."

Susan kànlekàn nàgè rén. Jiùshì Freddy Fitzsimmons.
Susan hěn gāoxìng. Dànshì Freddy bù gāoxìng.

"Fitzsimmons xiānshēng, nǐ zěnme le?" Liù zhī gǒu gēn
sāngè rén dōu zài kàn Freddy.

Freddy Fitzsimmons yáole tóu. "Bùhǎoyìsī. Shí'èr diǎn

"那么，我们没有 PowerBall 的钱吗?"

"对。但是没关系。因为你们都来了 Elephant Point，我们就送你们一台 Weee!"

Susan 的妈妈哭了。Susan 的爸爸很生气。但是 Susan 很高兴。她想，六只好狗跟一台 Weee 比六千万好多了!

guòle. Nǐmen búshì liùyuè èrshí'èr hào dào de."

"Nàme, wǒmen méiyǒu Powerball de qián ma?"

"Duì. Dànshì méiguānxì. Yīnwèi nǐmen dōu láile Elephant Point, wǒmen jiù sòng nǐmen yītái Weeee! "

Susan de māma kūle. Susan de bàba hěn shēngqì. Dànshì Susan hěn gāoxìng. Tā xiǎng, liù zhī hǎogǒu gēn yītái Weeee bǐ liùqiānwàn hǎoduō le!

Glossary

Numbers in parentheses indicate chapter where the word first appears

a 啊 (softens the statement) (3)

bādiǎnzhōng 八点钟 eight o'clock (9)

bāgè 八个 eight (of them) (7)

bāgè xiǎoshí 八个小时 eight hours (7)

bāshí'èr 八十二 82 (7)

bāsuì 八岁 eight years old (12)

bǎ 把 ("take it and...") (5)

bàba 爸爸 daddy (6)

ba 吧 (suggestion) (12)

bàn 半 half (7)

bànfǎ 办法 way to do something (4)

bèn 笨 stupid (12)

bǐ 比 compared to (10)

bǐsài 比赛 competition; contest (9)

bīng 冰 ice; iced (6)

bīngxiāng 冰fl' refrigerator (6)

búbèn 不笨 not stupid (12)

búdà 不大 not big (5)

búduì 不对 incorrect (5)

búhuì 不会 not likely to, doesn't know how to (9)

búqù 不去 doesn't go (3)

búshì 不是 isn't, aren't, am not (1)

búyào 不要 don't want, don't! (3)

búzài 不在 is not at (1)

bù 部 (measure word for vehicles) (8)

bù (bú) 不 not (1)

bù gāoxìng 不高兴 unhappy, upset (11)

bù xǐhuān kànshū de rén 不喜欢看书的人 a person who doesn't like reading (2)

bùchī 不吃 doesn't eat (3)

bùduō 不多 not numerous, not many (8)

bùhǎo 不好 not good, bad (1)

bùhǎokàn 不好看 ugly (7)

bùhǎoyìsi 不好意思 "Sorry!" (13)

bùlā 不拉 doesn't pull (11)

bùmǎi 不买 doesn't buy (4)

bùmáng 不忙 not busy (4)

bùtīng 不听 doesn't listen to (8)

bùxiǎng 不想 doesn't feel like, doesn't think (1)

chá 茶 tea (6)

cháng 长 long (13)

chàng 唱 sing (9)

chànggē 唱歌 sing a song (9)

chē 车 vehicle; car (7)

chēshàng 车上 in the car; on the car (8)

chēzi 车子 car (8)

chī 吃 eat (1)

chīfàn 吃饭 eat (something) (3)

chīle 吃了 ate (5)

dà 大 big (1)

dàde 大的 a big one (5)

dàgǒu 大狗 big dog (12)

dàjiā 大家 everyone (7)

dàle 大了 gotten big (13)

dànshì 但是 but (1)

dào 到 to; arrive at (7)

dàole 到了 arrived (13)

dé 得 --ly; in a manner that is... (10)

déle 得了 got; obtained (11)

de 的 's; of; one that... (1)

déle liùbǎi 得了六百 got 600 (11)

derén 的人 a person that... (5)

deshíhòu 的时候 at the time that... (7)

dì'èr 第二 the second (10)

dì'èrgè 第二个 the second one (5)

dì'èrmíng 第二名 the one in second place (11)

dì'èrtiān 第二天 the next day (12)

dìliùgè 第六个 the sixth one (5)

dìsān 第三 the third (10)

dìsāngè 第三个 the third one (5)

dìsìgè 第四个 the fourth one (5)

dìwǔgè 第五个 the fifth one (5)

dìyī 第一 the first (10)

dìyīge 第一个 the first one (5)

dìyīmíng 第一名 the one in first place (11)

diǎn 点 o'clock (7)

diǎnzhōng 点钟 o'clock (6)

diànnǎo 电脑 computer (3)

diànshì 电视 television (3)

diànyǐng 电影 movie (7)

dōngxī 东西 thing (12)

dōu 都 (all of 'em) (1)

dōushì 都是 they are all (7)

duǎn 短 short (things not people) (13)

duì 对 to; for; correct (6)

duìbúduì 对不起 correct? (6)

duìbùqǐ 对不对 sorry (4)

duìle 对了 oh right...(I'd forgotten) (2)

duō 多 many; more (1)

duōduō 多多 (do something) more (3)

duōjiǔ 多久 how long a time? (7)

duōshǎoqián 多少钱 how much money? (6)

èrshí 二十 20 (13)

èrshíliù 二十六 26 (5)

fǎnnǎo 烦恼 irritated (3)

fàngzài 放在 place at (6)

fēijī 飞机 airplane (7)

fēijīshàng 飞机上 on the airplane (7)

fēn 分 minute; point (11)

fēnzhōng 分钟 minute (12)

gāo 高 tall; high (6)

gāo míngyīng 高明英 (person's name) (4)

gāoshǒu 高手 expert at something (11)

gāoxìng 高兴 happy (1)

gāoxìngde 高兴地 happily (6)

gē 歌 song (9)

gè 个 (measure word) (7)

gěi 给 give; to; for (4)

gěinǐ 给你 give to you; for you; to you (4)

gěiwǒ 给我 give to me; for me; to me (6)

gēn 跟 with; to (2)

gēnnǐ 跟你 with you; to you (8)

gēntā 跟他 with him/her; to him/her (4)

gēntā 跟她 with her; to her (4)

gōngkè 功课 homework (1)

gōngzuò 工作 work; job (4)

gǒu 狗 dog (11)

gǒugou 狗狗 doggy (5)

gǒuqiāo 狗橇 dogsled (11)

guānxi 关系 relationship; relevance (5)

guì 贵 expensive (2)

guìxìng 贵姓 honorable surname (11)

guò 过 pass (12)

guòlái 过来 come over (8)

guòle 过了 it is over (13)

guòqù 过去 go over (8)

hái 还 still; also (6)

háihǎo 还好 okay; not too bad (8)

háishì 还是 or (7)

háiyǒu 还有 there is also... (8)

hǎo 好 good; well (1)

hǎobùhǎo 好不好 okay? (4)

hǎochī 好吃 delicious (1)

hǎode 好的 a good one (2)
hǎogǒu 好狗 good dog (13)
hǎojiǔbújiàn 好久不见 long time
   no see (8)
hǎokàn 好看 pretty; handsome
   (3)
hǎole 好了 fine! enough!
   (irritated; slightly offensive) (5)
hǎoma 好吗 okay? (3)
hào 号 number (5)
hàoma 号码 number (5)
hē 喝 drink (6)
hēi 黑 black (13)
hěn 很 very (1)
hěndà 很大 very large (7)
hěnduō 很多 very much; very
   numerous (1)
hěnhǎo 很好 very good; very
   well (1)
hěnhǎode 很好的 a very good...
   (9)
hěnhuì 很会 is very good at
   (10)
hěnjiǔ 很久 long time (8)
hěnjiù 很旧 very old (things, not
   people) (4)
hěnkuài 很快 very fast (6)
hěnmàn 很慢 very slow (13)
hěnnán 很难 very difficult (11)
hěnshǎo 很少 very little; very
   few (12)
hóngchá 红茶 black tea (6)
huì 会 know how to; be likely
   to (9)
huìbúhuì 会不会 is it likely? can
   you? (9)
jītā 吉他 guitar (11)
jīwāwā 吉娃娃 Chihuahua (12)
jǐ 几 several; how many? (7)
jǐ diǎn zhōng 几点钟 what
   o'clock? (10)
jǐ fēn zhōng 几分钟 how many
   minutes? several minutes (9)
jiā 家 home (1)

jiārén 家人 family members (6)
jiāyóu 加油 go team! (10)
jiào 叫 call; be called; yell (2)
jiàole 叫了 called (10)
jiàowǒ 叫我 call me (10)
jīntiān 今天 today (5)
jǐnzhāng 紧张 nervous (10)
jiǔ 久 a long time (7)
jiǔdiǎnzhōng 九点钟 nine o'clock
   (6)
jiù 就 (sooner or less than
   expected) (5)
jiù 旧 old (of things, not people)
   (3)
jiùde 旧的 an old one (3)
jiùshì 就是 that's precisely it (5)
jiùshìshuō 就是说 that is to say
   (8)
jiùyào 就要 wants (5)
juédé 觉得 feel (emotions); have
   an opinion that (10)
kāfēi 咖啡 coffee (6)
kāfēisè 咖啡色 coffee colored;
   brown (8)
kāi 开 open; turn on; drive (7)
kāichē 开车 drive a car (7)
kàn 看 look at (1)
kàndàole 看到了 saw (6)
kànguò 看过 have read; have
   seen (8)
kànkàn 看看 look a little bit (3)
kànle 看了 looked at (3)
kànlekàn 看了看 looked at a little
   bit (4)
kànshū 看书 read a book (1)
kànyīkàn 看一看 look at a little
   bit (3)
kě'ài 可爱 cute; lovable (13)
kěyǐ 可以 be allowed to (1)
kè 课 class (1)
kèběn 课本 textbook (4)
kū 哭 cry (4)
kūle 哭了 starts crying (13)
kuài 快 fast (4)

kuàikuàikuài 快快快 fast! (5)
kuàilè 快乐 happy (4)
kuàiqián 块钱 ...dollars (5)
kuàiqù 快去 hurry up and go (5)
kuàiqùchī 快去吃 hurry up and eat (5)
kuàiyào 快要 ...will soon... (4)
lā 拉 pull (11)
lābùlāduō 拉布拉多 Labrador (12)
lādé 拉得 pull in a way that is... (12)
lāguò 拉过 have pulled (11)
lāle 拉了 pulled (13)
làcháng 腊肠 sausage (12)
lái 来 come; arrive (6)
láile 来了 arrived (6)
láima 来吗 coming? (8)
láorén 老人 elderly person (8)
láoshī 老师 teacher (1)
le 了 (shows action is completed) (2)
lǐmiàn 里面 inside (6)
liànxié 练习 practice (10)
liǎng 两 two (12)
liǎngbù 两部 two (cars) (7)
liǎngdiǎn 两点 two o'clock (6)
liǎngdiǎnzhōng 两点钟 two o'clock (6)
liǎnggè 两个 two (of something) (9)
liǎngqiān 两千 two thousand (6)
liǎngzhī 两只 two (animals) (12)
líng 零 zero (11)
liù 六 six (5)
liùbǎisānshí 六百三十 630 (11)
liùdiǎn 六点 six o'clock (8)
liùgè 六个 six (of them) (5)
liùhào 六号 number six (5)
liùkuàiqián 六块钱 six dollars (5)
liùqiānwàn 六千万 60 million (5)
liùshísān 六十三 63 (5)

liùsuì 六岁 six years old (12)
liùyuè 六月 June (13)
māma 妈妈 mama (1)
máfán 麻烦 bothersome; irritating (1)
mǎshàng 马上 immediately (4)
ma 吗 (yes-or-no?) (2)
mǎi 买 buy (4)
mǎile 买了 bought (12)
màn 慢 slow (13)
máng 忙 busy (4)
māo 猫 cat (12)
méi 没 did not (4)
méibànfǎ 没办法 there's nothing to do about it (6)
méiguānxi 没关系 it doesn't matter (5)
méiyǒu 没有 doesn't have; there isn't (3)
méiyǒule 没有了 no longer has; there no longer is (4)
měiguó 美国 United States (9)
měiguórén 美国人 American person (4)
mǐgélǔ 米格鲁 beagle (12)
míngtiān 明天 tomorrow (4)
ná 拿 take with the hand (7)
nǎ 哪 which? (12)
nǎlǐ 哪里 where? (4)
nà 那 that (6)
nàbù 那部 that (vehicle) (8)
nàge 那个 that one (8)
nàme 那么 so; well (no real meaning) (8)
nàzhāngpiào 那张票 that ticket (6)
nàzhī 那只 that (animal) (8)
nán 难 difficult (11)
nánbùnán 难不难 is it difficult? (11)
nánháizǐ 男孩子 boy (4)
nánkàn 难看 ugly (12)
nánrén 男人 man (a male, not "mankind") (12)

nǎr 哪儿 where? (3)
nǎr 那儿 where? (7)
ne 呢 (what about...) (2)
nǐ 你 you (1)
nǐ hǎo 你好 hello (6)
nǐde 你的 your (2)
nǐkàn 你看 see? (4)
nǐmen 你们 y'all (4)
nǐmende 你们的 y'all's (6)
nǐshì 你是 you are (6)
nǐshuō 你说 you say (8)
nín 您 you (formal) (11)
nínguìxìng 您贵姓 what is your surname? (polite) (8)
nǚ 女 female (4)
nǚrén 女人 woman (7)
pǎo 跑 run (13)
pǎodào 跑到 ran to (6)
pǎodé 跑得 run in a way that is... (13)
pàole 跑了 ran (13)
péngyǒu 朋友 friend (1)
piào 票 ticket (4)
qī 七 seven (13)
qīdiǎn 七点 seven o'clock (10)
qīdiǎnzhōng 七点钟 seven o'clock (10)
qīhào 七号 number seven (5)
qīsuìde 七岁的 a seven-year-old (12)
qǐ'é 企鹅 penguin (8)
qián 钱 money (4)
qiánmiàn 前面 front (13)
qǐng 请 please; invite (7)
qǐngle 请了 treated to something (8)
qǐngwèn 请问 may I ask...? excuse me... (4)
qù 去 go (1)
rén 人 person; man (2)
rénrén 人人 everyone (9)
rúguǒ 如果 if (5)
sān 三 three (5)
sānbǎi 三百 three hundred (5)

sānbǎi sìshíqī 三百四十七 347 (12)
sāndiǎn 三点 three o'clock (7)
sāndiǎnzhōng 三点钟 three o'clock (6)
sāngè 三个 three (of something) (5)
sānhào 三号 number three (5)
sānqiān 三千 three thousand (6)
sānshí 三十 thirty (13)
sānyuè 三月 March (7)
shāfā 沙发 sofa; couch (6)
shàng 上 up, on top of, to board (3)
shàng de 上的 the one on top of... (7)
shàngwǎng 上网 go on the Internet (3)
shéi 谁 who? (1)
shénme 什么 what? (3)
shēng 声 sound (12)
shēngqì 生气 be/get angry (2)
shēngrì 生日 birthday (5)
shēngyīn 声音 sound; voice (12)
shí'èr 十二 12 (7)
shí'èr diǎnzhōng 十二点钟 12 o'clock (6)
shífēn 十分 ten points (13)
shíkuàiqián 十Œ钱 ten dollars (5)
shíwǔ 十五 15 (12)
shíwǔfēn 十五分 15 minutes (13)
shì 是 is; am; be; was; are; were (1)
shìbúshì 是不是 is it? (6)
shìde 是的 yes (5)
shìma 是吗 is it? (8)
shū 书 book (3)
shùxué 数学 math (1)
shuō 说 say; talk; speak (3)
shuōguò 说过 have said (8)

shuōhuà 说话 speak (8)
shuōle 说了 said; spoke (13)
sì 四 four (4)
sìshí'èr 四十二 42 (11)
sìshíqī 四十七 47 (5)
sìshíyī 四十一 41 (5)
sìwǔ 四五 four or five (12)
sìyuè 四月 April (5)
sòng 送 give as a gift (13)
suīrán 虽然 although (5)
suǒyǐ 所以 therefore (2)
tā 他 he; she (1)
tā 她 she (1)
tāde 他的 his; her (4)
tāde 她的 her (1)
tāmen 他们 they (5)
tāmen 她们 they (females) (7)
tāmen 它们 they (12)
tāmende 他们的 their (6)
tài 太 too (excessively) (7)
tàihǎole 太好了 that's great (11)
tàixiǎo 太小 too small (12)
tǎoyàn 讨厌 hate; very irritating (12)
tiào 跳 jump; dance (10)
tiàodé 跳得 jumps/dances in a way that is... (10)
tiàowǔ 跳舞 dances (9)
tīng 听 listen to (7)
tīngbújiàn 听不见 listens but cannot hear (12)
tīngguò 听过 have heard (11)
tīngshuō 听说 it is said (8)
tóu 头 head (13)
tuǐ 腿 leg (13)
túnshǔ 豚鼠 guinea pig (12)
túnshǔqiāo 豚鼠橇 guinea pig sled (12)
tuólù 驼鹿 moose; elk (8)
wán 玩 play; amuse oneself (2)
wánde 玩得 plays in a manner that is... (10)
wánguò 玩过 has played (11)
wányīwán 玩一玩 play a little bit (9)
wàn 万 ten thousand (6)
wāng 汪汪汪 woof! woof! (12)
wáng 王 king (10)
wèishénme 为什么 why? (2)
wèn 问 ask a question (9)
wèntí 问题 question (11)
wǒ 我 I; me (1)
wǒde 我的 my (1)
wǒmen 我们 we; us (13)
wǒmende 我们的 our (6)
wǔ 五 5 (9)
wǔbǎi 五百 500 (6)
wǔbǎifēn 五百分 500 points (11)
wǔdiǎnzhōng 五点钟 five o'clock (7)
wǔfēn 五分 five minutes; five points (13)
wǔgè 五个 five (of something) (5)
wǔhào 五号 number five (7)
wǔshí 五十 50 (5)
wǔzhī 五只 five (animals) (12)
xǐhuān 喜欢 be fond of; like (1)
xǐhuān kànshū de rén 喜欢看书的人 people who like to read books (2)
xià 下 below, down, get down from (3)
xiàle 下了 got off of (7)
xiān 先 first (6)
xiānshēng 先生 Mr. (6)
xiànzài 现在 now (13)
xiǎng 想 feel like; think (1)
xiǎngle 想了 thought (9)
xiǎngyào 想要 wants; would like (3)
xiǎngyīxiǎng 想一想 think a minute (9)
xiǎo 小 small (7)
xiǎogǒu 小狗 little dog (12)
xiǎoshí 小时 hour (7)
xiào 笑 smile; laugh (8)

xiàole 笑了 smiled; laughed (8)

xiē 些 some; a number of (13)

xiètiānxièdì 谢天谢地 thank goodness! (6)

xièxie 谢谢 thanks (4)

xīn 新 new (3)

xīnde 新的 a new one (3)

xīngqī 星期 week (4)

xīngqīliù 星期六 Saturday (5)

xīngqīwǔ 星期五 Friday (10)

xīngqīyī 星期一 Monday (6)

xìng 姓 to have the last name of... (2)

xuéxiào 学校 school (6)

yáole 摇了 wagged (13)

yáowěiba 摇/巴 wag tail (13)

yào 要 wants; will (future) (1)

yàobúyào 要不要 want to or not? will or won't? (5)

yàokuài 要快 must be fast (5)

yàomǎi 要买 want to buy; will buy (5)

yàoqù 要去 will go; want to go (8)

yě 也 also (1)

yěhǎo 也好 would be okay too (3)

yīdiǎn 一点 a little bit (13)

yīgè 一个 one (of something) (4)

yīgè rén 一个人 one person (10)

yīhào 一号 number one (8)

yīliàng 一辆 one (car) (8)

yīqǐ 一起 together (13)

yītái 一台 one (machine) (13)

yīzhāng 一张 a, one (flat thing) (4)

yīzhī 一只 one (animal) (8)

yǐhòu 以后 afterwards; after (7)

yīnwèi 因为 because (1)

yīngwén 英文 English language (1)

yīngwénkè 英文课 English class (1)

yíng 赢 win (5)

yíngle 赢了 won (5)

yǒu 有 have; there is/are (1)

yǒude 有的 some (4)

yǒuméiyǒu 有沒有 do you have...? (4)

yǒuqián 有钱 have money; rich (5)

yuè 月 month; moon (7)

zài 在 at, be at (8)

zài...de rén 在...的人 the people at... (4)

zàijiā 在家 at home (1)

zàixiǎng 在想 thinking (5)

zěnměyàng 怎么样 what kind of? (13)

zěnme 怎么 how? (6)

zěnmele 怎么了 what's the matter? (8)

zhè 这 this (11)

zhège 这个 this one (9)

zhèr 这儿 here (8)

zhǐ 只 only (11)

zhǐhuì 只会 can only; will only (10)

zhǐyào 只要 only wants; ...is all that's needed (7)

zhǐyǒu 只有 only has (7)

zhōngguó 中国 China (4)

zhōngtóu 钟头 hour (13)

zhóngwén 中文 Chinese language (9)

zuò 坐 sit; take (bus, train, plane) (7)

zuòle 坐了 sat; took (bus, train, plane) (7)

zuòzài 坐在 sit at; sit (in a place) (8)

Want more practice?

Sunzi: Pingtung and *Sunzi: Kaohsiung* provide extra practice at recognizing the words and characters in Susan you Mafan! Great for self-study, a class game or a handy sub plan.

Check out dozens of games and books for Chinese and other languages at:

SQUIDFORBRAINS.COM

Gamified learning of the 200 top radicals in Chinese characters!

Be cool -- play all our favorite card games in Chinese!

Teaching or learning Chinese?

**First and Second Year Chapter Books (Readers)
and Fully Illustrated Storybooks**
*Compelling, easy-to-read books that make
happy, confident readers of Chinese*

**"Zhongwen Bu Mafan"
Mandarin Chinese curriculum**
*Everything you need for the early years of TPRS/CI
Chinese class and to teach everything in "Susan you
mafan" to zero-Chinese students*

"TPRS With Chinese Characteristics"
*Step-by-step guide to making students fluent and literate
in Chinese through TPRS*

CircleUp! TPRS Training Card System
*Like having a skilled TPRS coach in
the palm of your hand*

**Chinese-inclusive (all language) or Chinese-specific
TPRS Workshops and
Professional Development Sessions**

SQUIDFORBRAINS.COM

www.terrywaltz.com

Made in the USA
Las Vegas, NV
02 March 2021